Louie Läuger
"da unten"

UNRAST

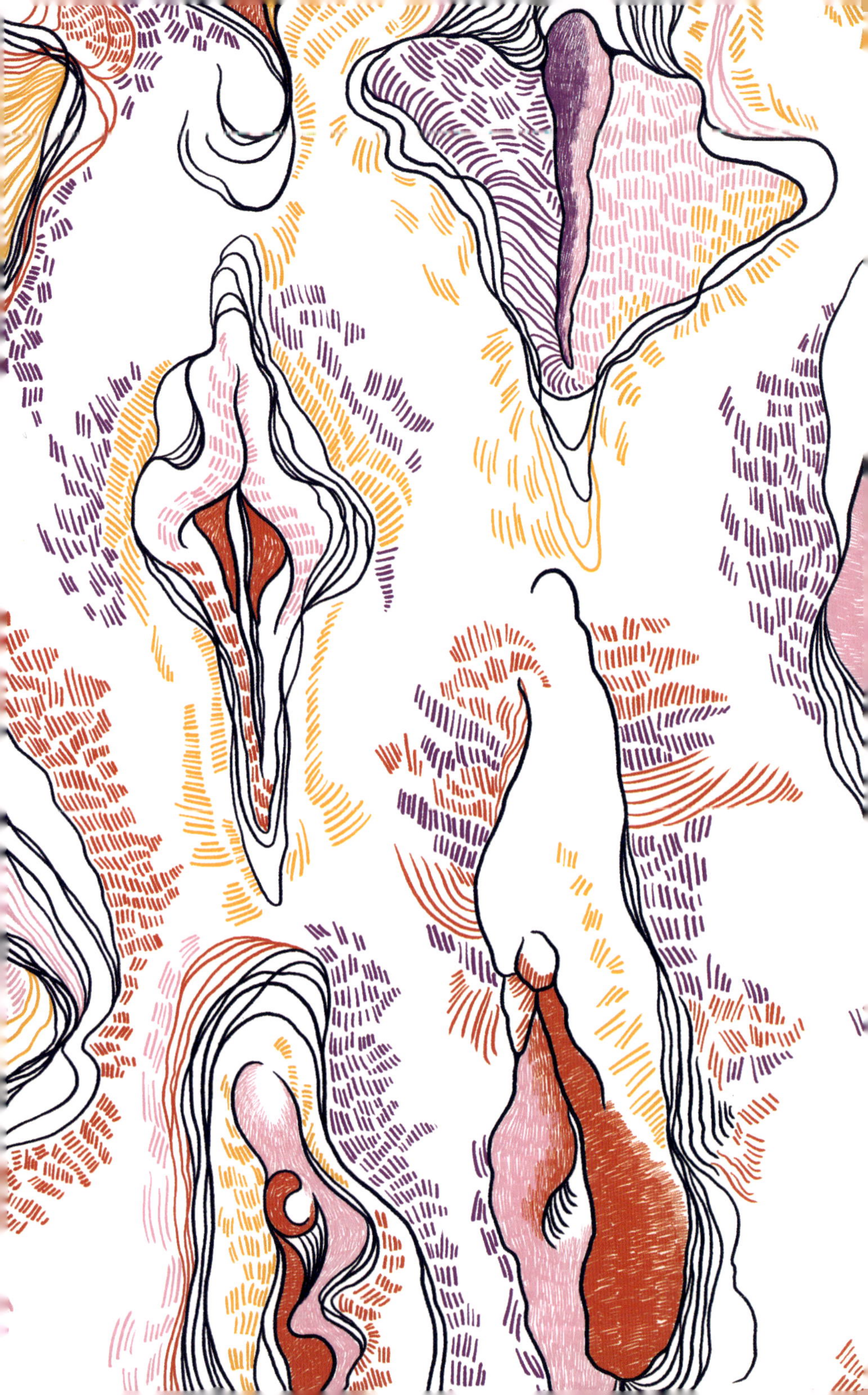

"da unten"

Louie Läuger

UNRAST

Impressum

Bibliografische Information der Deutschen Bibliothek:
Die Deutsche Bibliothek verzeichnet diese Publikation in der Deutschen Nationalbibliografie; detaillierte bibliografische Daten sind im Internet über http://dnb.de abrufbar.

Louie Läuger
"da unten"
4. überarbeitete Auflage, Juli 2023
ISBN 978-3-89771-324-6

www.unrast-verlag.de - kontakt@unrast-verlag.de
Mitglied der assoziation Linker Verlage (aLiVe)

Umschlag: Louie Läuger
Satz: Louie Läuger
Druck: Multiprint, Kostinbrod

INHALT

PROLOG

DISCLAIMER

Ich schreibe in diesen Seiten von »Frauen«, »weiblich gelesenen Personen« und »weiblich sozialisierten Menschen«. Mit Frauen meine ich alle Menschen, die sich als solche identifizieren. Unter weiblich gelesenen Personen verstehe ich alle Menschen, die von außen als Frau wahrgenommen werden, unabhängig davon, ob diese sich auch als Frau identifizieren. Als weiblich sozialisierte Menschen bezeichne ich alle Personen, die mit weiblichen Stereotypen und Erwartungen erzogen wurden, egal ob sie sich heute als Frau identifizieren oder nicht.

In Sammelbegriffen verwende ich das *, beispielweise »Freund*innen«. Das * verwende ich an dieser Stelle, um alle Menschen einzuschließen, die sich weder männlich, noch weiblich identifizieren.

Geschlechtsorgane trenne ich in »als weiblich kategorisiert« und »als männlich kategorisiert«. Zudem schreibe ich von »sogenannter weiblicher Sexualität«. Diese Ausdrücke verwende ich, um sichtbar zu machen, dass wir uns die Einteilung von Menschen in Männer und Frauen als Gesellschaft ausgedacht haben. In anderen Gesellschaften wird zum Beispiel mit drei Geschlechtern gelebt. Diese binäre Unterteilung von Geschlecht entspricht nicht der Realität, viele Personen finden sich darin nicht wieder. Ich versuche meine Sprache so zu wählen, dass ich niemanden ausschließe.

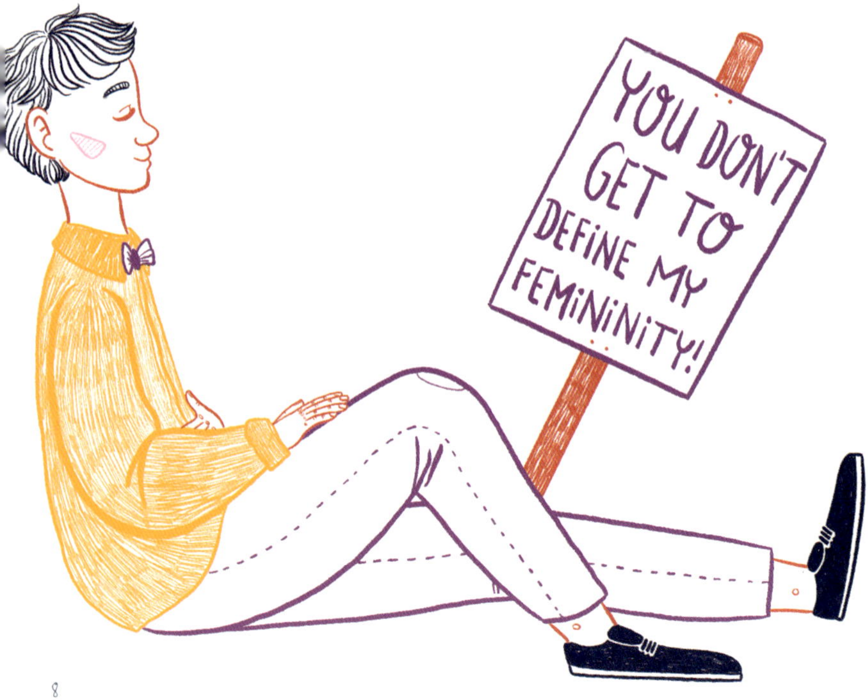

HI

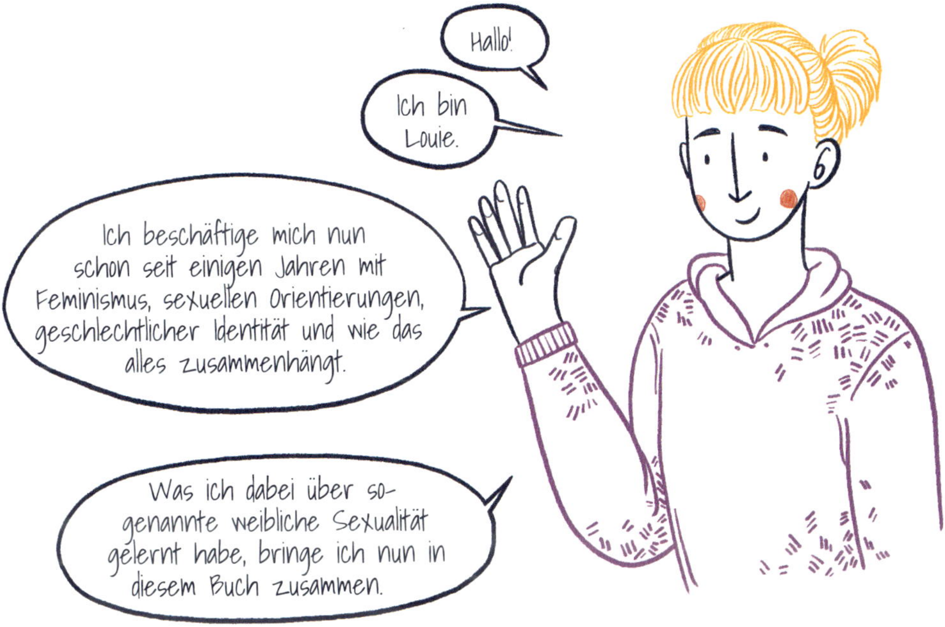

Was du über dieses Buch wissen musst:

1. Es ist nicht vollständig. und hat auch nicht den Anspruch es zu sein. Die Texte, die du hier findest, sind ein Gedankenanstoß, eine kurze Übersicht oder eine persönliche Einführung.
2. Du musst es nicht chronologisch lesen. Oder vollständig. Oder überhaupt. Lies das, was dich interessiert und ignoriere den Rest. Das ist okay.
3. Ganz hinten findest du eine Übersicht der Bücher und Blogs und YouTube-Kanäle, die mein Leben bereichert und dieses Buch inspiriert haben.
4. Ich schreibe aus meiner subjektiven und persönlichen Perspektive heraus. Das heißt nicht, dass ich die Erfahrungen anderer Personen unsichtbar machen möchte – nur, dass ich nicht für alle Menschen mit Vulva sprechen kann (und schon gar nicht will).

DAS BÖSE F-WORT
(NICHT FUCK, DAS ANDERE)

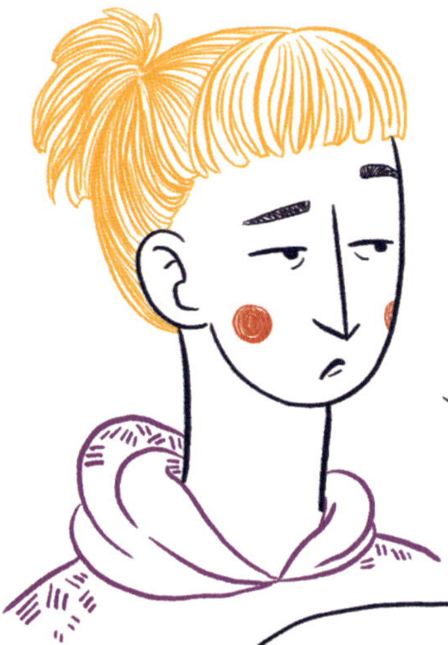

Feminismus nervt mich. Nicht der Feminismus an sich. Den Feminismus an sich gibt es sowieso nicht, alle haben irgendwie ihren eigenen Feminismus. Mich nervt es, das Wort Feminismus verwenden zu müssen, mich selbst damit zu identifizieren.
Warum? Ganz einfach:

Ich bin Feministin.

Du rollst ein bisschen mit den Augen.

»Kein Mensch braucht noch Feminismus.«

»Boah ne, nicht so eine...«

»Rasierst du dir deine Beine?«

»Du meinst wohl Feminazi?«

»Eine Männerhasserin also.«

Du bist dir sicher, dass ich lesbisch sei.

Du auch.

Ich fühle mich von dir weniger ernst genommen.

Cool.

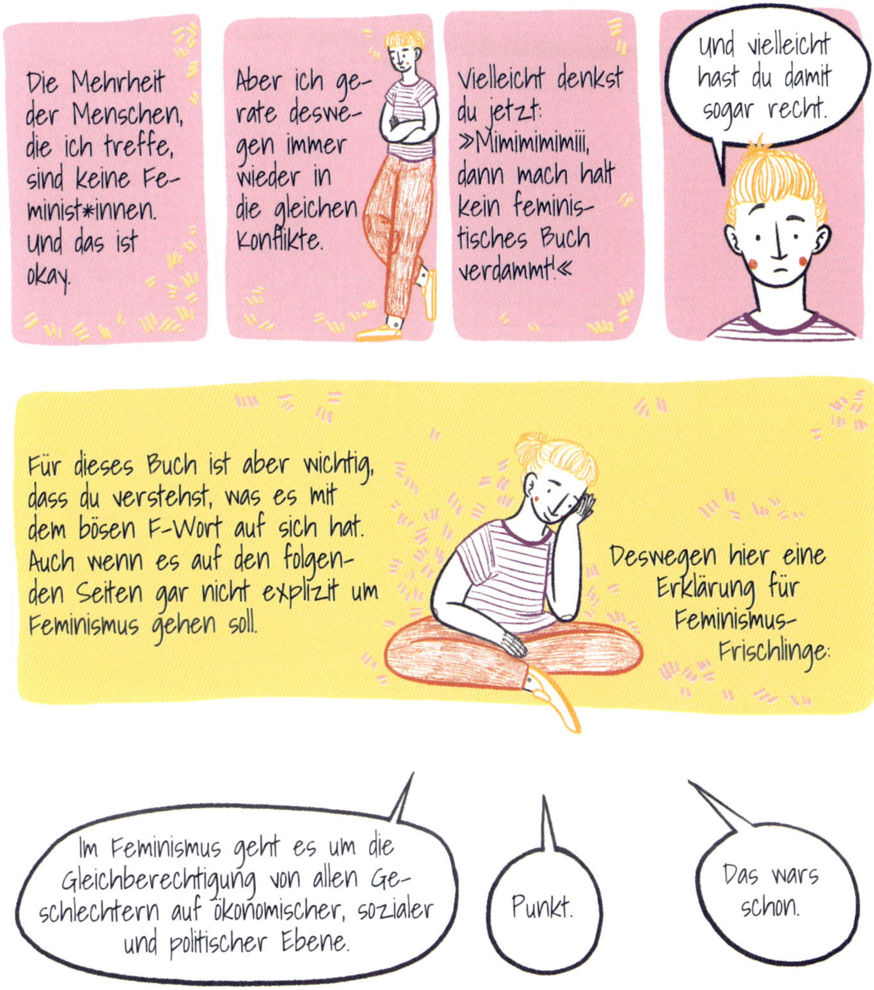

Gar nicht so schlimm, was? Und ja, man könnte jetzt denken: »Hä? Gleichberechtigung gibt es doch schon lange?« – und es wäre so schön, wenn das stimmen würde. Frauen verdienen aber bis heute weniger, sind häufiger von (sexualisierter) Gewalt betroffen und sind seltener in Machtpositionen. Die Liste an Ungerechtigkeiten könnte ich noch eine Weile weiterführen. Aber es geht in diesem Buch nicht darum, dir zu beweisen, dass wir Feminismus noch brauchen. Ich wollte nur sagen: Das hier ist ein feministisches Buch. Komm klar damit.

WARUM DIESES BUCH?

Sogenannte weibliche Sexualität und alles, was dazugehört, ist in unserer Gesellschaft sehr unsichtbar. Es fängt in der Schule an: Während männlich sozialisierte Teenager kein Problem damit haben, Penis-Kritzeleien auf die Tische zu schmieren, bleiben Vulven versteckt. Dass Jungs masturbieren ist kein Geheimnis, wird in vielen Filmen thematisiert und auf dem Pausenhof diskutiert. Von masturbierenden Mädchen hört man dagegen wenig. In meinem sehr links-intellektuellen Freund*innenkreis gibt es erstaunlich viele Personen, die erstaunlich wenig über sogenannte weibliche Sexualität wissen. Nicht, weil sie ignorant wären oder es nicht wissen wollen. Es hat ihnen einfach nie jemand beigebracht.

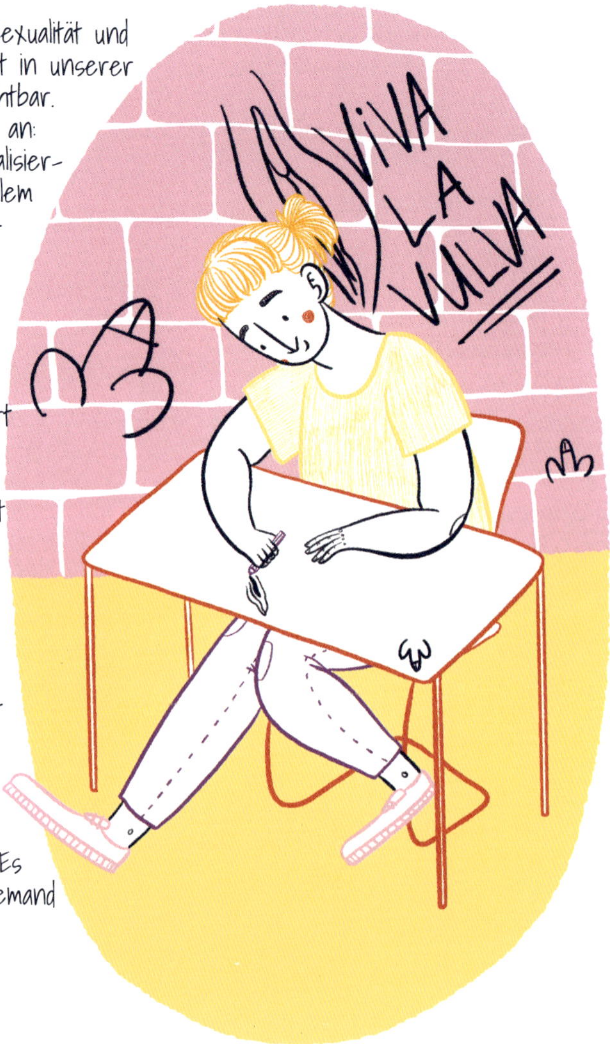

Das Ungleichgewicht an Diskursen, die wir über sogenannte männliche im Gegensatz zu sogenannter weiblicher Sexualität führen, genauso wie die Art, wie diese Diskurse geführt werden, finde ich erschreckend. Wir können doch nicht weiter einfach so tun, als würde es nichts mit Frauen machen, dass nie über ihre Sexualität gesprochen wird.

Sichtbar sein ist so etwas Wichtiges. Wir müssen aufhören, sogenannte weibliche Sexualität und weiblich kategoriserte Geschlechtsorgane unsichtbar zu machen. Wir müssen aufhören, weiblich sozialisierten Jugendlichen beizubringen, dass Masturbation etwas wäre, dass nur männlich gelesene Personen machen und auch die Lust auf Sex etwas »Männliches« sei. Wir müssen aufhören, so zu tun, als wäre Menstruation etwas Schamvolles und Dreckiges. Wie sollen sich Menschen mit Vulva denn in ihren Körpern wohlfühlen, wenn wir nichts daran ändern, wie wir über ihre Geschlechtsorgane reden und schweigen?

Sogenannte weibliche Sexualität unsichtbar zu machen bedeutet auch, Menschen mit Vulva unsicher zurückzulassen.

Deswegen die wichtigste Feststellung dieses Buches gleich vorweg: Mit sehr großer Wahrscheinlichkeit haben andere Menschen in ihrem Leben die gleichen oder ähnliche Erfahrungen gemacht wie du.

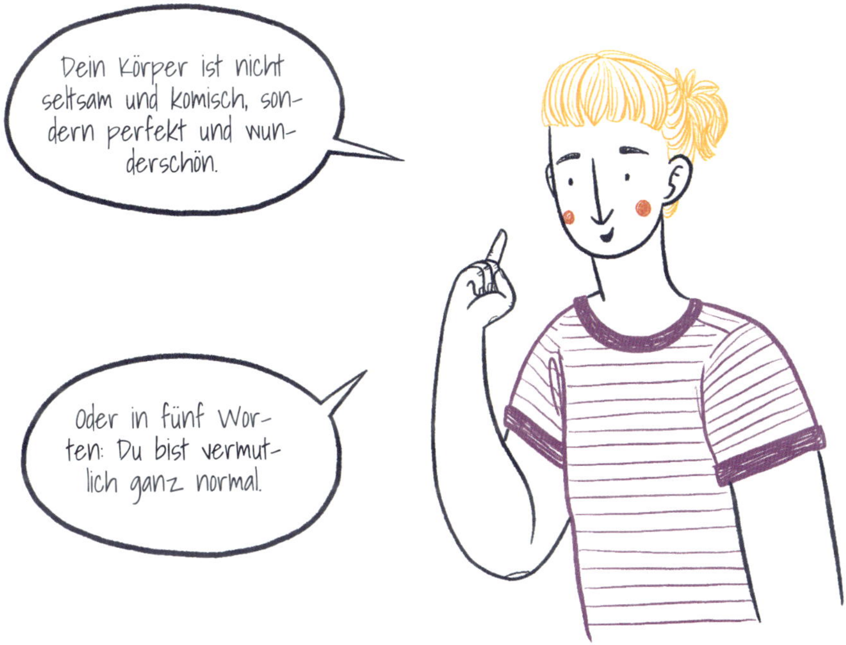

ANATOMIE

In der Schule haben meine Freund*innen und ich immer nur von »da unten« gesprochen.

Manchmal auch von der Scheide.

Was nicht unbedingt besser ist.

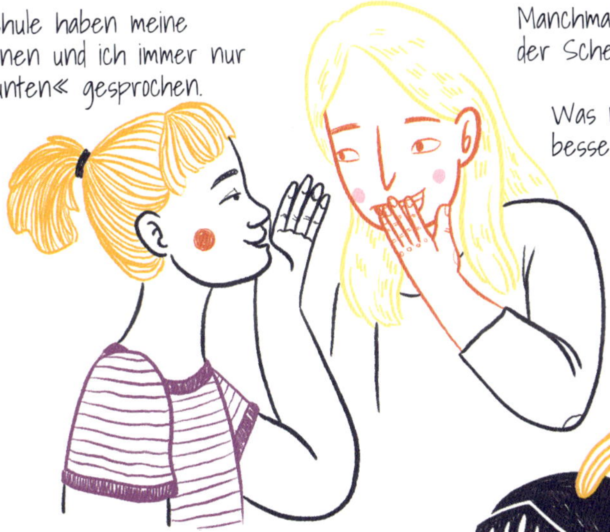

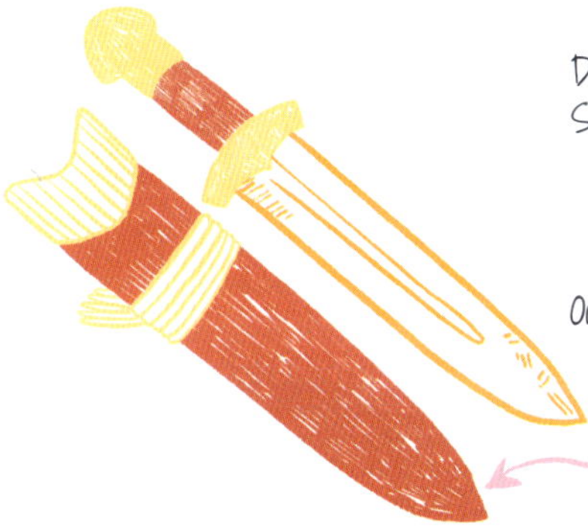

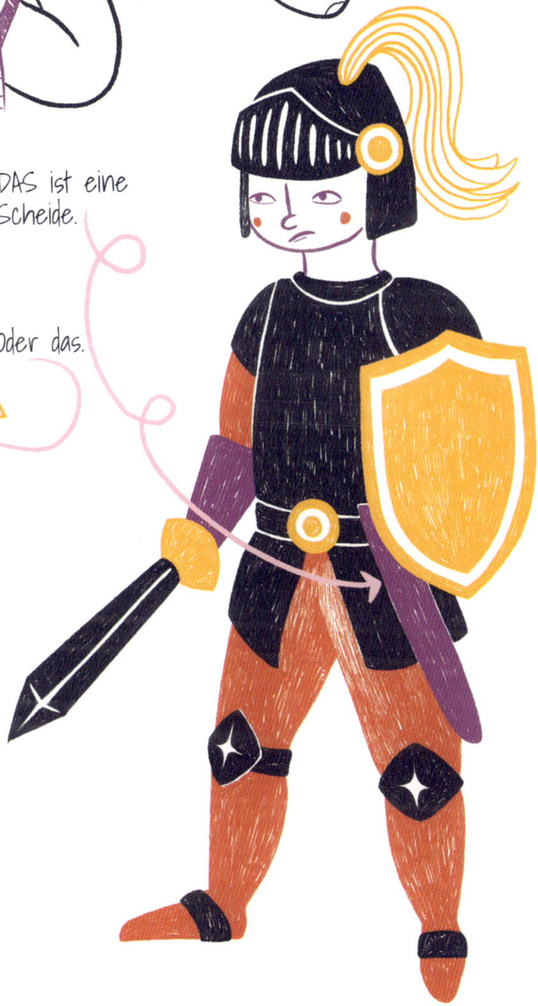

Das weiblich kategorisierte Geschlechtsorgan ist so viel mehr, als ein Schlitz, in den ritterliche Helden irgendwas reinstecken.

Mit dem Erwachsenwerden traut man sich dann plötzlich auch das Wort Vagina zu verwenden. Analog zu Penis eben. Nur ohne lustiges Spiel.

Das Problem daran ist:

DAS HEIßT SO NICHT.

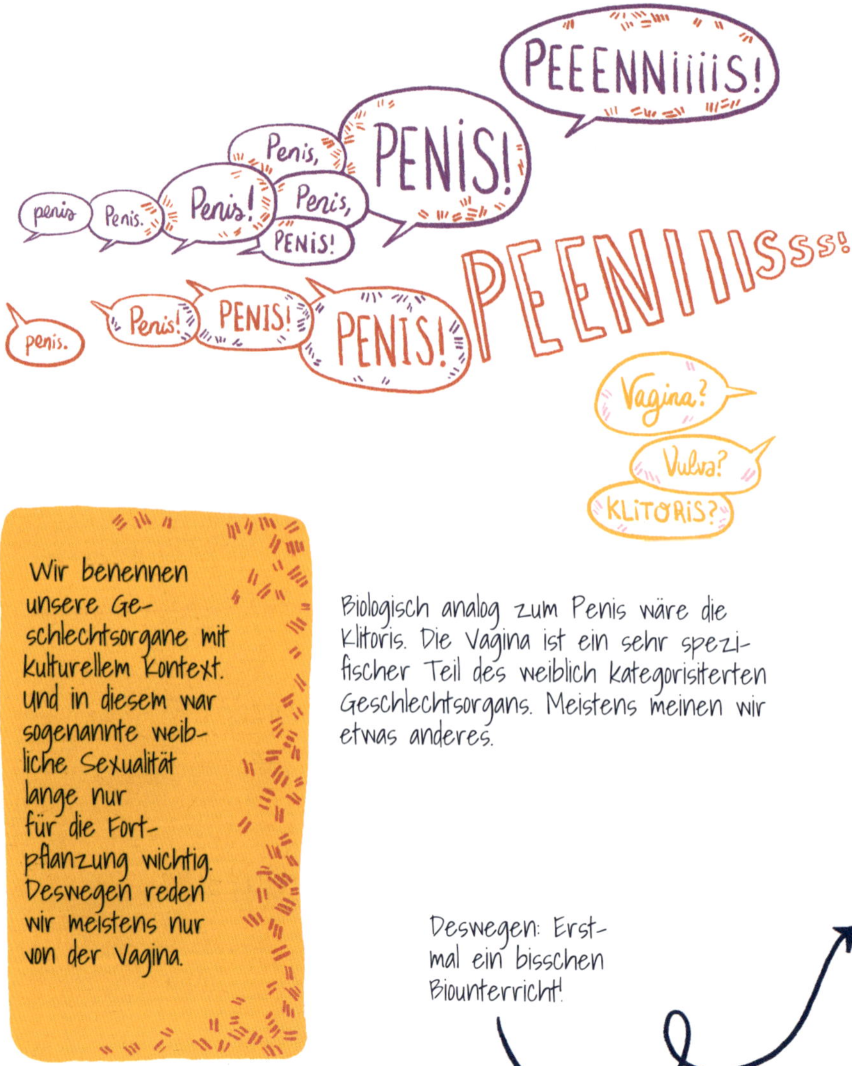

Wir benennen unsere Geschlechtsorgane mit kulturellem Kontext. Und in diesem war sogenannte weibliche Sexualität lange nur für die Fortpflanzung wichtig. Deswegen reden wir meistens nur von der Vagina.

Biologisch analog zum Penis wäre die Klitoris. Die Vagina ist ein sehr spezifischer Teil des weiblich kategorisiterten Geschlechtsorgans. Meistens meinen wir etwas anderes.

Deswegen: Erstmal ein bisschen Biounterricht!

DIE VULVA

Das, was außen sichtbar ist, heißt Vulva.

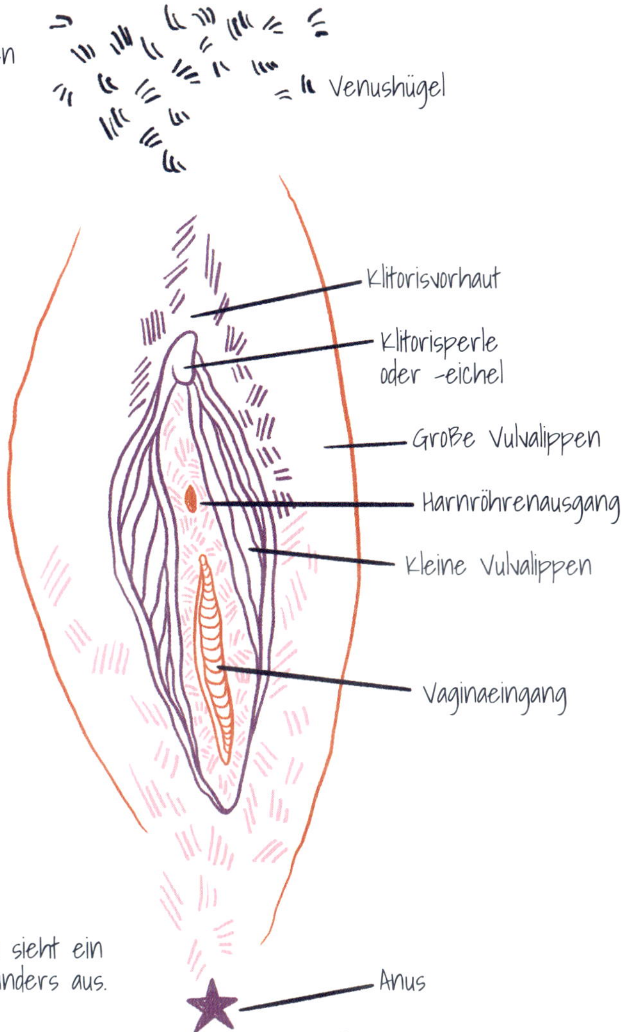

Jede Vulva sieht ein bisschen anders aus.

Vielleicht liegen deine inneren Vulvalippen komplett versteckt. Oder sie sind groß genug, um über die großen Vulvalippen zu ragen. Vielleicht hat deine Vulva eine ganz andere Form und Farbe. Vielleicht wurde deine Vulva operativ geformt, weil du mit einem anderen Geschlechtsorgan geboren wurdest.

All das ist normal und gesund und schön.

Vulven, die wir in Pornos sehen, ähneln sich alle irgendwie.

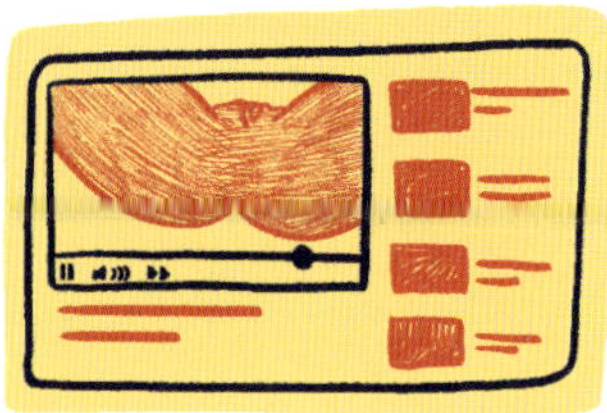

Der Druck in der Pornoindustrie ist hoch. Darum entscheiden sich viele Darsteller*innen für schönheitschirurgische Eingriffe.

Deine Vulva könnte auch so aussehen:

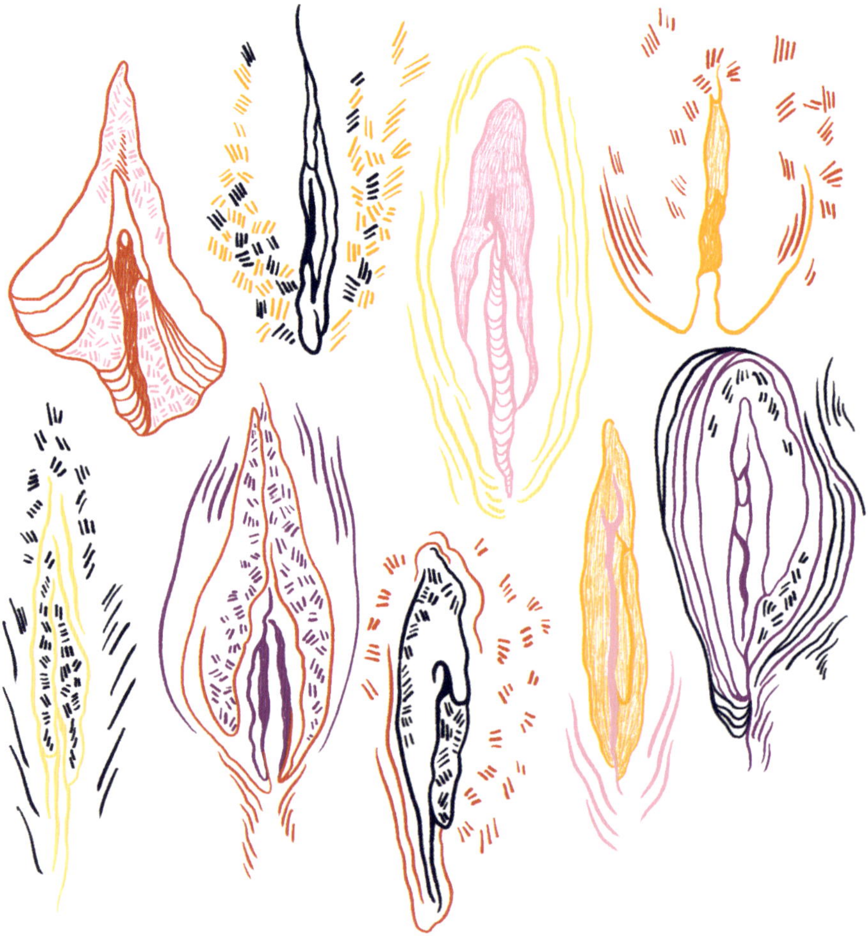

Oder ganz anders.
Sie ist jedenfalls nicht abnormal oder seltsam!

DIE KLITORIS

– ein Organ, das allein dem Vergnügen und der Lust dient.

EINZIGARTIG im menschlichen Körper

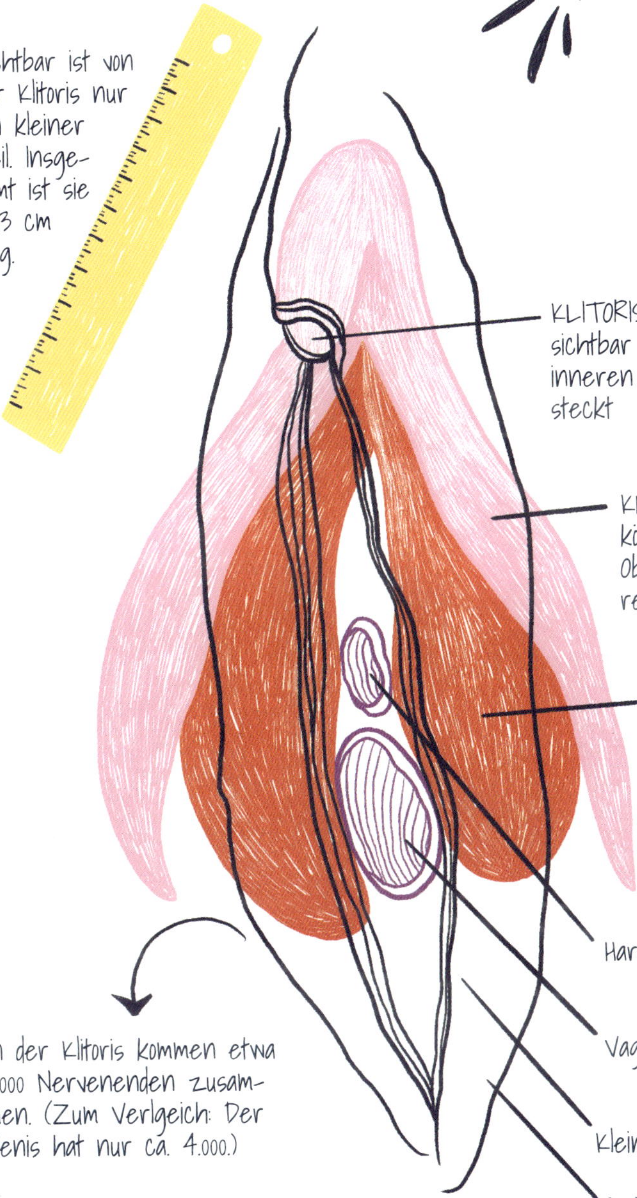

Sichtbar ist von der Klitoris nur ein kleiner Teil. Insgesamt ist sie 7–13 cm lang.

KLITORISPERLE
sichtbar oder hinter den inneren Vulvalippen versteckt

KLITORISSCHENKEL
können bis in die Oberschenkel hinein reichen

SCHWELLKÖRPER
schmiegen sich an die Vagina an

Harnröhrenausgang

Vaginaöffnung

Kleine Vulvalippen

Große Vulvalippen

In der Klitoris kommen etwa 8.000 Nervenenden zusammen. (Zum Verlgeich: Der Penis hat nur ca. 4.000.)

Empowernde Vulva-Kunst gibt es zum Beispiel von Hilde Atalanta auf Instagram: @the.vulva.gallery

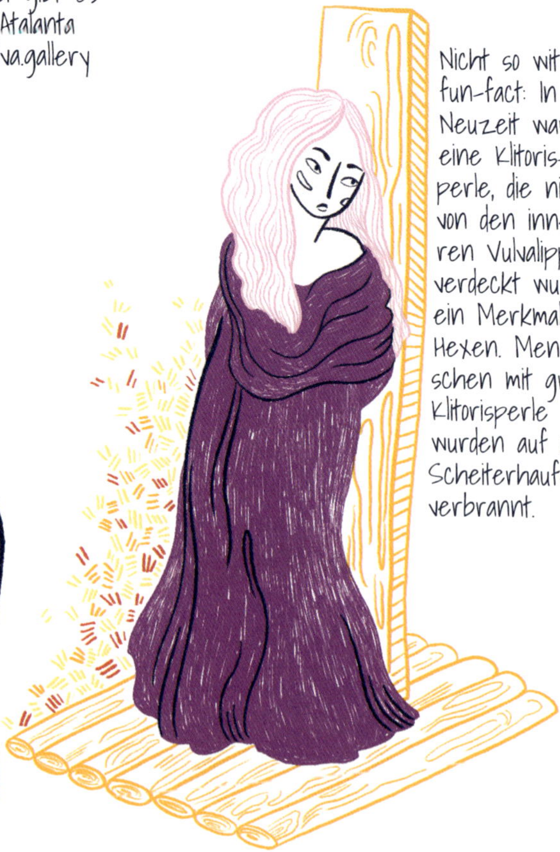

Nicht so witziger fun-fact: In der Neuzeit war eine Klitorisperle, die nicht von den inneren Vulvalippen verdeckt wurde, ein Merkmal von Hexen. Menschen mit großer Klitorisperle wurden auf dem Scheiterhaufen verbrannt.

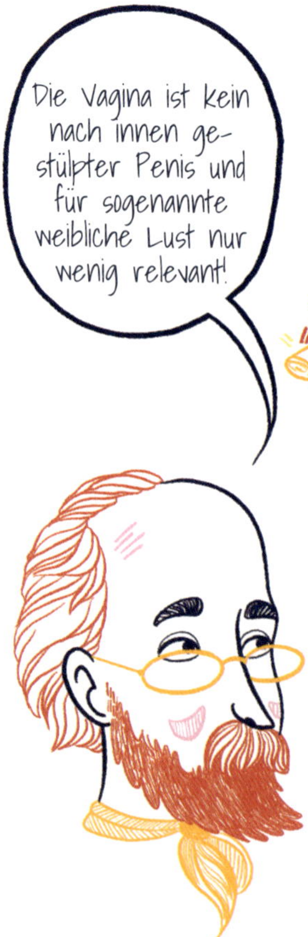

1844: Georg Ludwig Kobelt mit einem ziemlich revolutionären Gedanken.

Urologin Helen O'Connell

veröffentlichte 1998 die ersten Forschungsergebnisse zur innenliegenden Struktur der Klitoris.

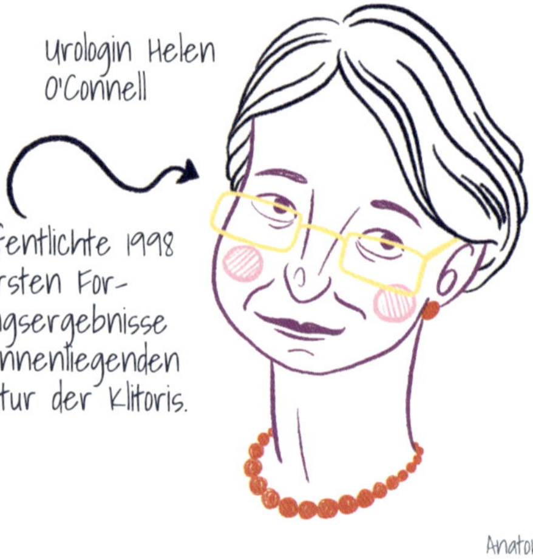

DER UTERUS

- innere, weiblich kategorisierte Geschlechtsorgane

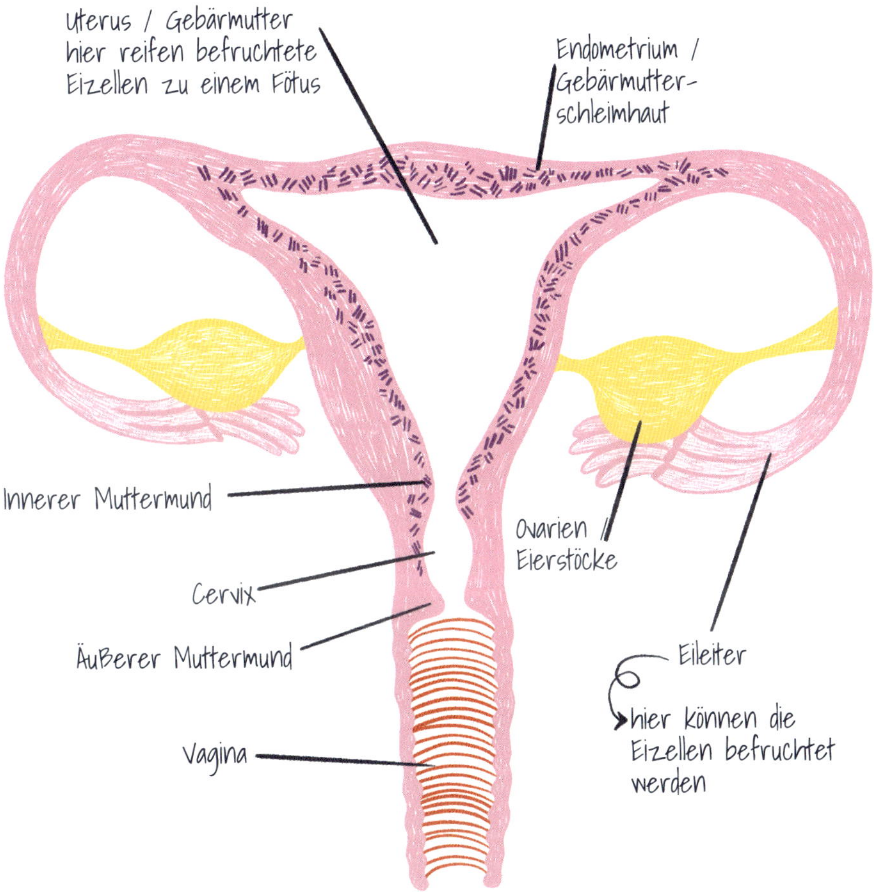

Um besser über weiblich kategorisierte Geschlechtsorgane reden zu können, haben Feminist*innen sich ein neues Wort ausgedacht:

DIE VULVINA

Gemeint sind Vulva und Vagina gemeinsam.

Viele Menschen mit Vulvina haben sich ihr Geschlechtsorgan noch nie angeschaut und wissen nicht, wo sich ihre Klitoris genau befindet.

Dabei kann es ein sehr empowernder (positiv bestärkender) Moment sein, den eigenen Körper besser kennenzulernen.

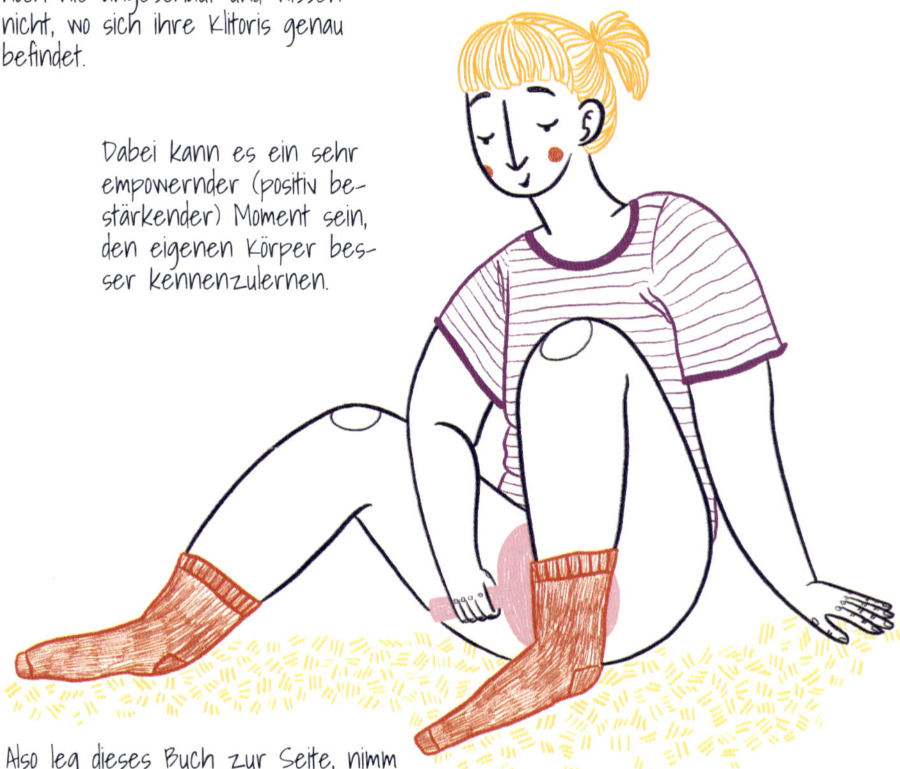

Also leg dieses Buch zur Seite, nimm einen Spiegel und schau dir an, was du »da unten« eigentlich hast.

(Das Kapitel ist hier eh zu Ende. Du verpasst also nichts.)

MENSTRUATION

Menstruation, lat.: »Geschehen, das alle Monate wiederkehrt«.

Von der Pubertät bis in die Wechseljahre (die Menopause) hat eine menstruierende Person etwa 500 Mal »ihre Tage«.

Menstruationsblut galt lange als böse und schmutzig. Beispielsweise durften Menschen während ihrer Menstruation in Deutschland bis 1970 kein Blut spenden, weil es für blutzersetzend gehalten wurde.

WAS PASSIERT IM KÖRPER?

Etwa alle 28 Tage reift eine Eizelle in den Eierstöcken (abwechselnd rechts und links) heran.

Bei Befruchtung nistet sich diese danach in der Gebärmutter ein und entwickelt sich zum Fötus.

Nistet sich keine befruchtete Eizelle ein, wird die oberste Schicht der Gebärmutterschleimhaut mit etwas Blut heraus geschwemmt.

Bei dieser Monatsblutung verliert eine Person etwa 0,1 Liter Blut. Das ist ungefähr so viel wie ein Espresso.

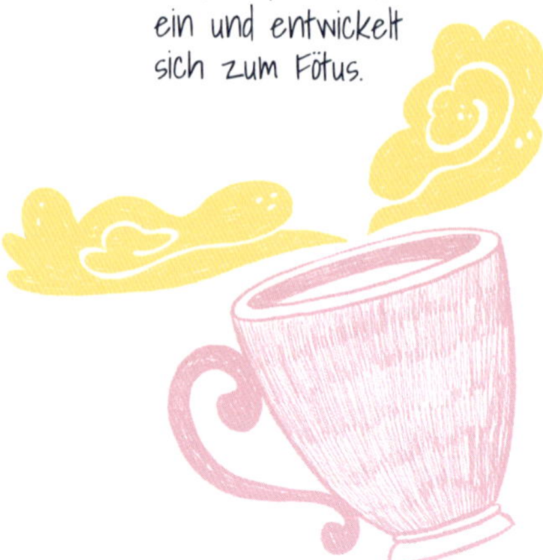

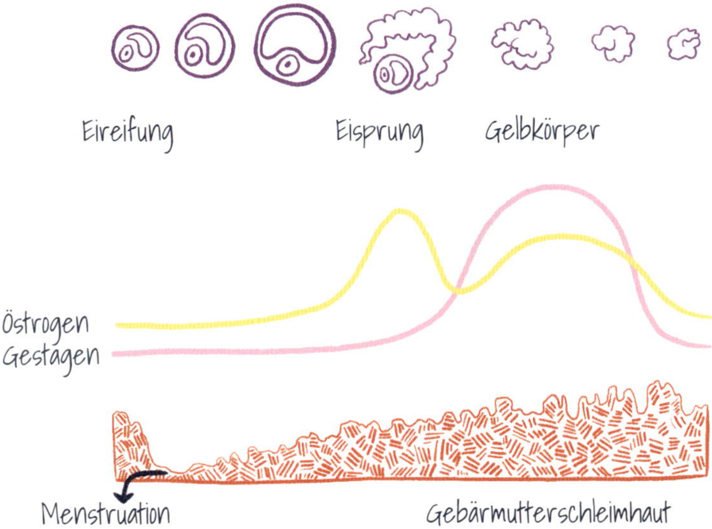

HILFE BEI MENSTRUATIONSSCHMERZEN

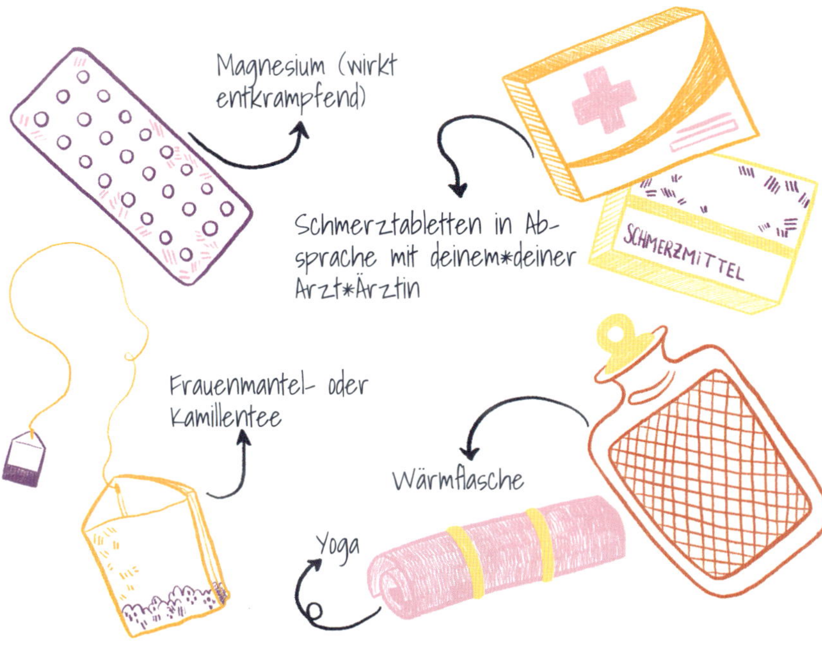

TAMPONS

Die Darstellung der Saugfähigkeit ist standardisiert: Ein Tropfen zeigt die niedrigste, sechs Tropfen die höchste Saugfähigkeit.

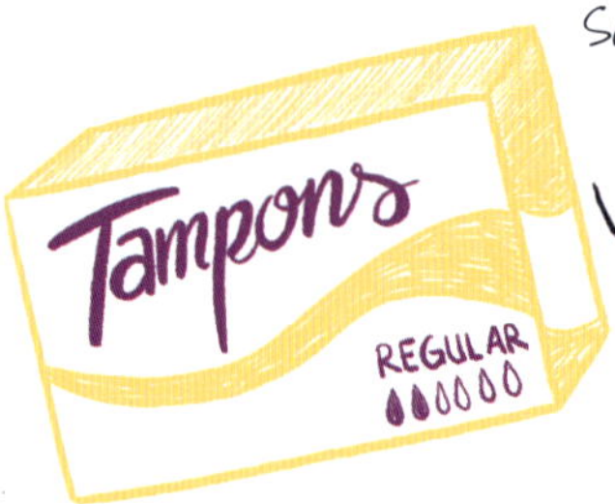

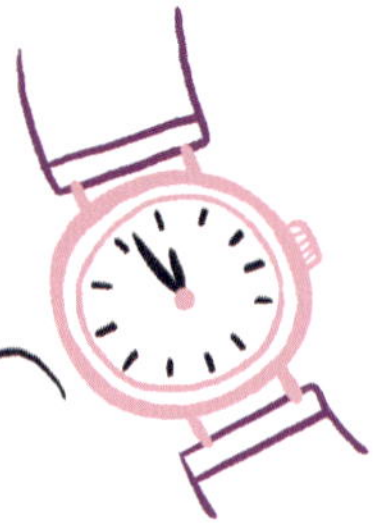

Tampons müssen alle 4–8 Stunden gewechselt werden, sonst besteht das Risiko eines toxischen Schocksyndroms.

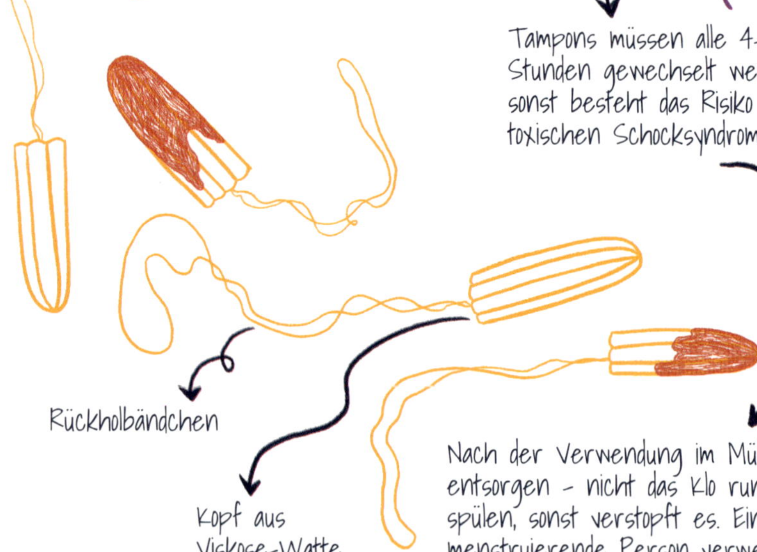

Rückholbändchen

Kopf aus Viskose-Watte

Nach der Verwendung im Mülleimer entsorgen – nicht das Klo runterspülen, sonst verstopft es. Eine menstruierende Person verwendet im Jahr etwa 350 Tampons. Nach zehn Jahren entspricht das fünf Mal der Höhe des Eiffelturms.

Teilweise werden in der Herstellung gesundheitsschädliche Inhaltsstoffe wie Aufheller und Pestizide verwendet.

Die Viskose-Watte trocknet teilweise auch die natürliche Feuchtigkeit der Vagina aus.

Für notwendige Gebrauchsgüter gibt es in Deutschland die ermäßigte Mehrwertsteuer von 7%. Neben beispielsweise Brot auch für Kaviar und Schnittblumen. Tampons und Binden fielen lange in die Kategorie »Luxusartikel« und wurden mit 19% versteuert.

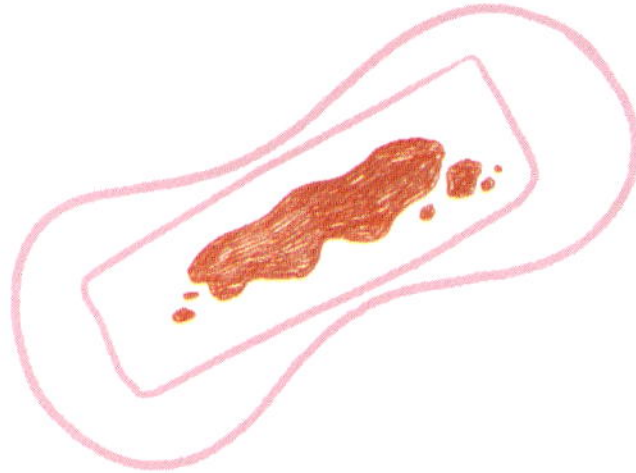

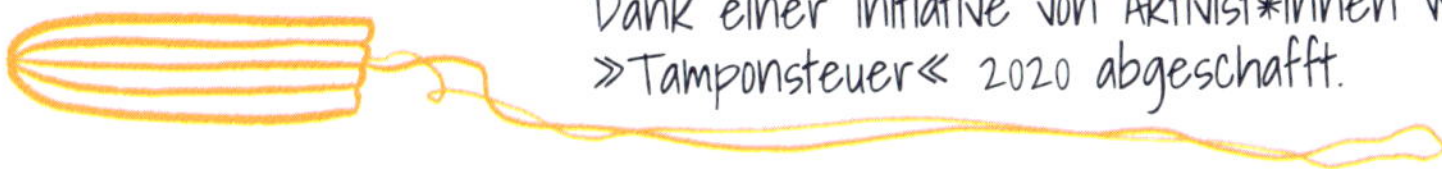

Dank einer Initiative von Aktivist*innen wurde diese »Tamponsteuer« 2020 abgeschafft.

MENSTRUATIONSTASSEN

Werden aus medizinischem Silikon oder Naturkautschuk hergestellt.

In Einzelfällen lohnt sich ein Blick auf die Inhaltsstoffe: Krebsauslösende Weichmacher haben nichts in der Vagina zu suchen!

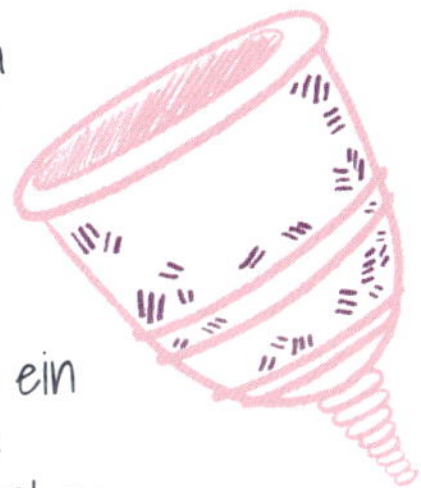

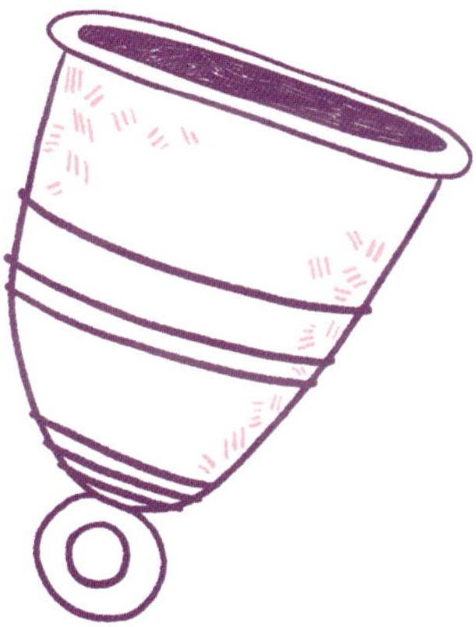

Eine Menstruationstasse kostet um die 20 Euro und kann etwa zehn Jahre verwendet werden. Zum Vergleich: Für Tampons werden in zehn Jahren etwa 250 Euro ausgegeben.

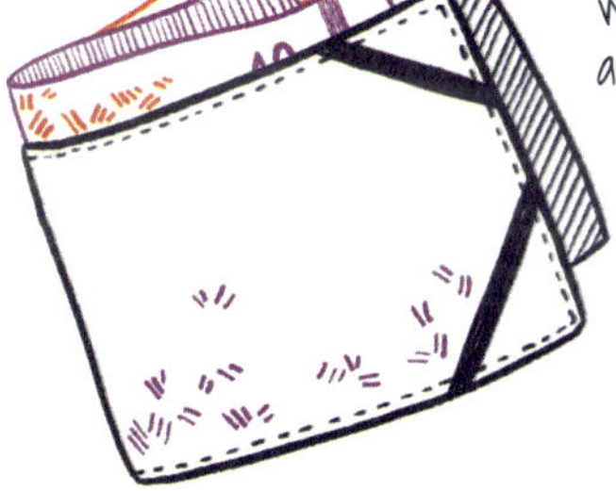

Vor dem Verwenden die Hände waschen.

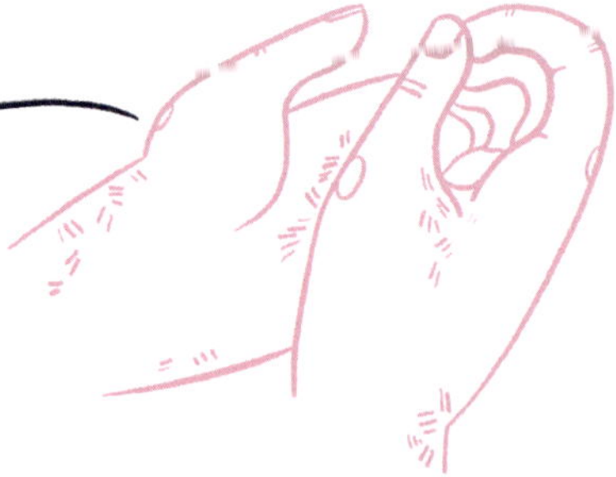

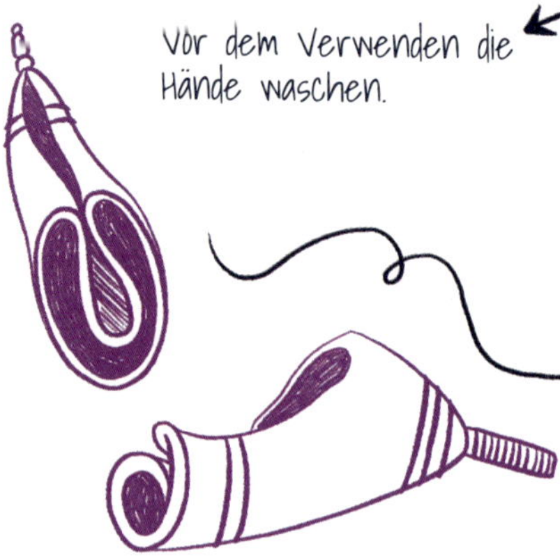

Menstruationstasse falten und in die Vagina einführen.

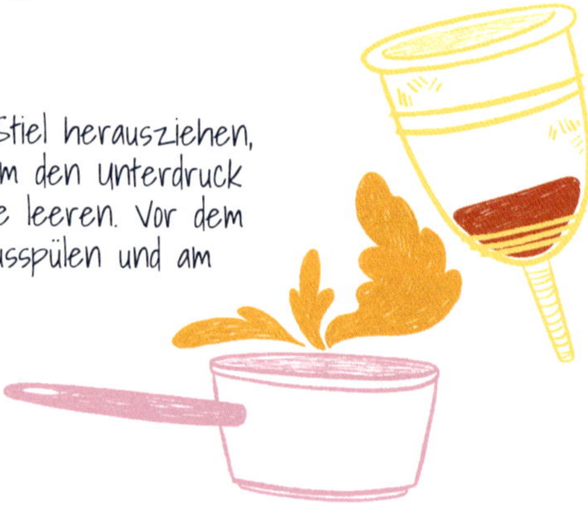

Nach spätestens 8–12 Stunden am Stiel herausziehen, dabei die Tasse leicht eindrücken, um den Unterdruck zu lösen, und das Blut in die Toilette leeren. Vor dem erneuten Einsetzen mit Wasser ausspülen und am Ende der Monatsblutung auskochen.

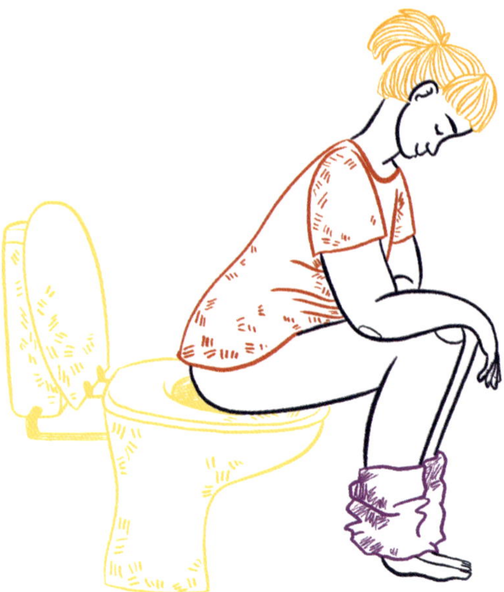

Die Menstruationstasse zu verwenden erfordert zu Beginn etwas Übung. Welche Form von Menstruationshygiene sich am besten anfühlt, ist viel Gewöhnungssache – aber vor allem eine persönliche Entscheidung!

MENSTRUATIONSUNTERWÄSCHE & WASCHBARE BINDEN

→ Funktionieren beide nach dem gleichen Prinzip.

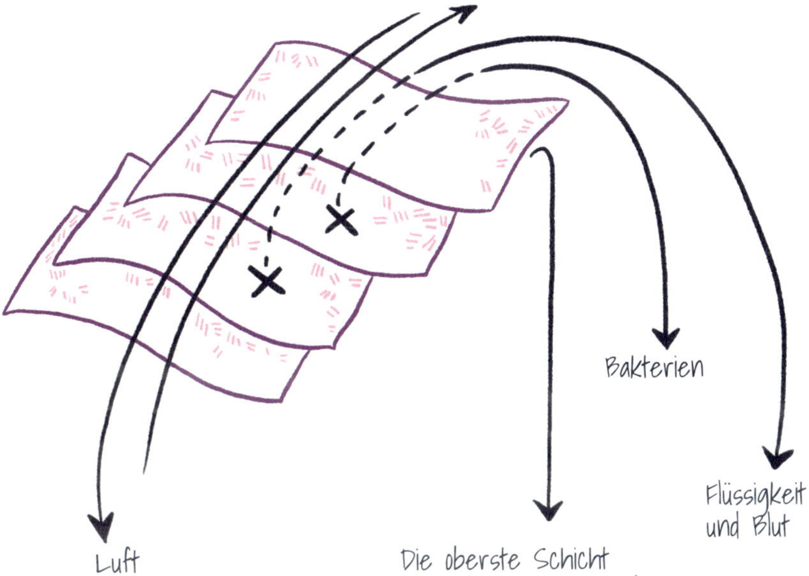

Die oberste Schicht bleibt trocken. (Nein, du sitzt nicht in deinem eigenen Blut.)

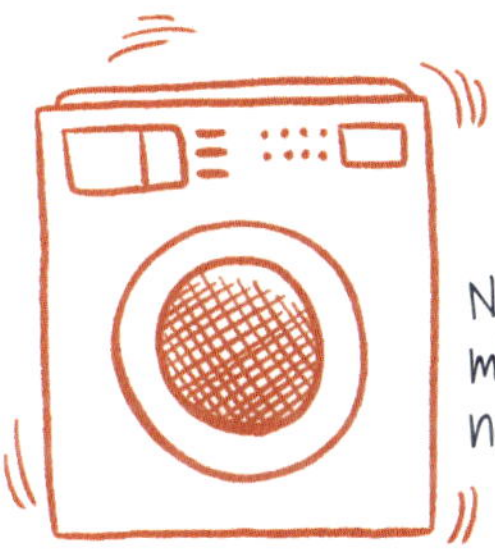

Nach der Verwendung im Waschbecken mit kaltem Wasser ausspülen, dann ganz normal waschen.

Hält die Blutmenge von etwa zwei Tampons.

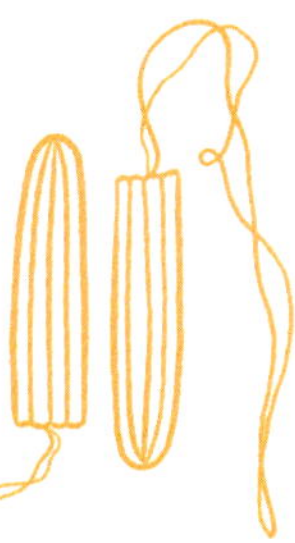

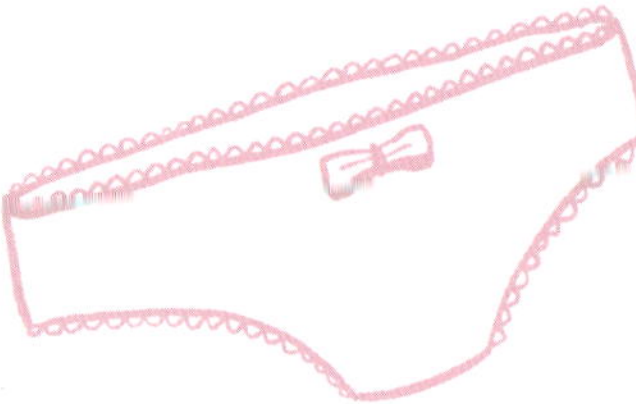

Bei starker Blutung ist das Blut manchmal klumpig und bräunlich (keine Sorge, das ist ganz normal). Das bleibt, wie bei Wegwerf-Binden auch, leider auf der obersten Schicht hängen.

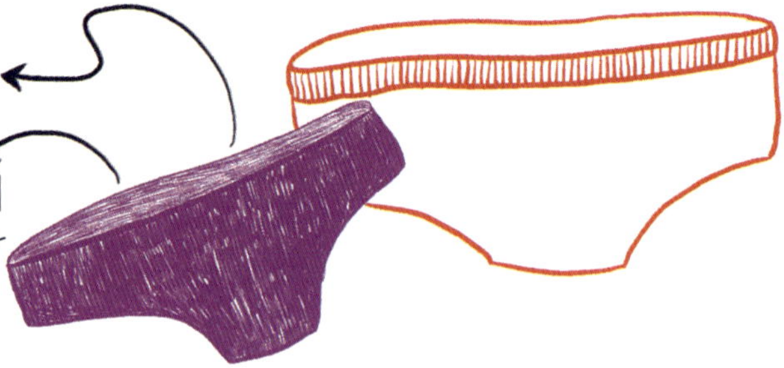

Keine Müllproduktion.

Kein nerviges Ein- und Ausführen von Hygiene-Produkten.

MENSTRUATIONS-SCHWÄMMCHEN

Kommt vor allem für Personen mit eher schwacher Blutung in Frage.

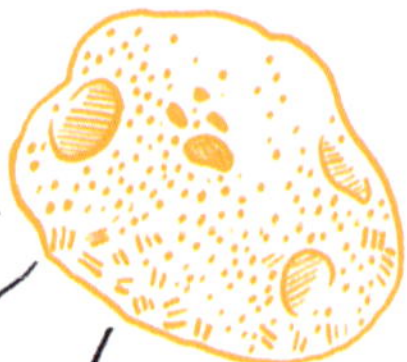

Das Schwämmchen wird eingeführt, saugt das Blut auf ohne die Vagina auszutrocknen, wird nach einigen Stunden wieder herausgenommen und ausgewaschen.

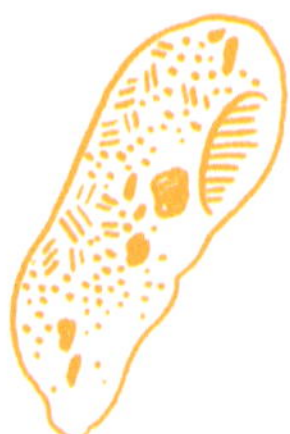

natürliche Materialien

nachhaltig

gesundheitlich unbedenklich

Größe des Schwämmchens kann auf eigene Bedürfnisse abgestimmt werden

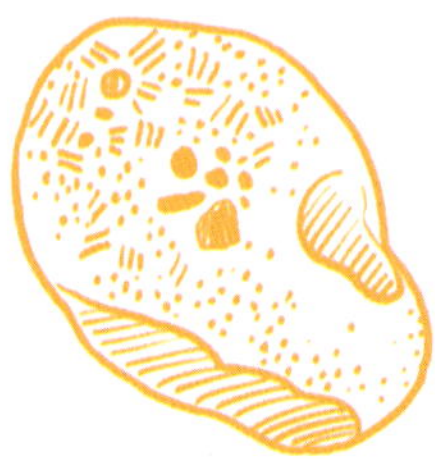

FREE BLEEDING

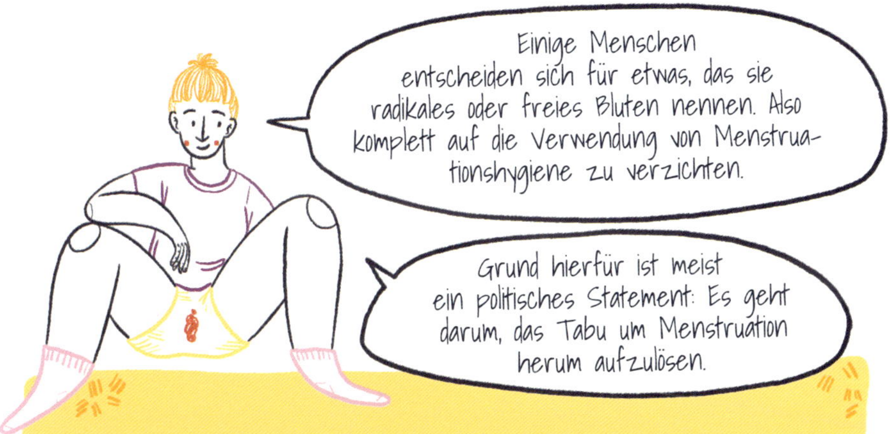

Die These: Wenn Menstruation sichtbar wird, wird sie weniger als dreckig und beschämend behandelt. Damit steigt die Lebensqualität aller menstruierender Menschen.

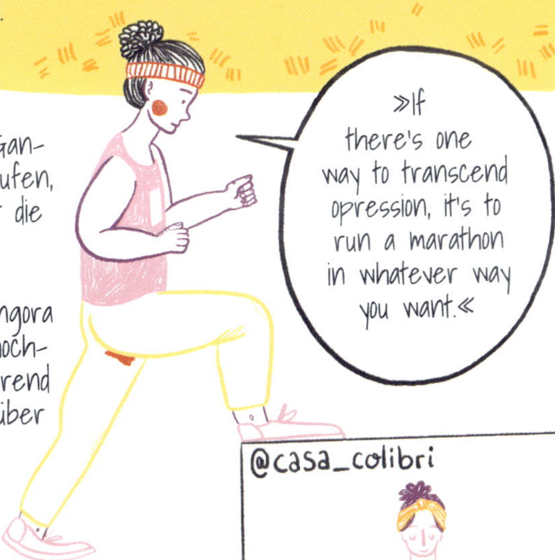

2015 ist die Musikerin Krian Gandhi den London Marathon gelaufen, während ihr Menstruationsblut die Beine herunterlief.

Die Yoga-Lehrerin Steph Gongora hat ein Video auf Instagram hochgeladen, in dem sie menstruierend Yoga macht. Ihr Video wurde über 500.000 Mal angeschaut.

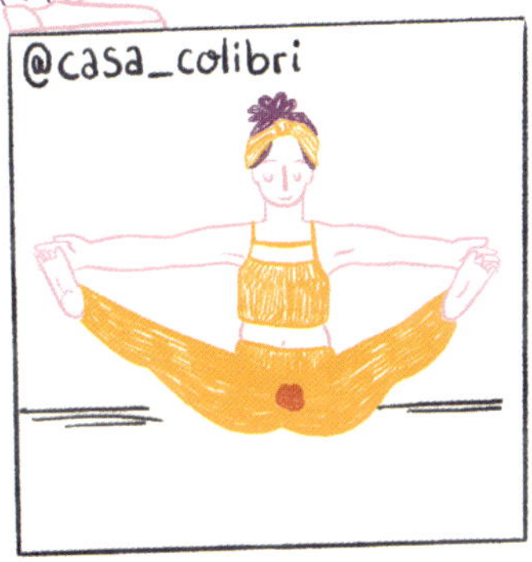

Personen, die free bleeding praktizieren, lernen ihren Körper so gut kennen, dass sie merken, in welchen Momenten eine Blutung passiert. Dann können sie aufs Klo gehen – eine Person, die keine Menstruationshygieneprodukte verwendet, hat also nicht zwangsläufig dauerns einen Blutfleck auf ihrer Kleidung.

MENSTRUATIONSARMUT

Viele Menschen, die in prekären Verhältnissen leben, haben kein Geld für Menstruationshygiene.

Das ist ein weltweites Problem. In Europa kann sich jede zehnte Person mit Vagina Menstruationshygiene nicht leisten und verwendet deshalb Toilettenpapier oder Zeitung.

Jugendliche gehen während ihrer Blutung dann oft nicht in die Schule.

Viele Schulen bieten kostenfreies Essen an, in öffentlichen Toiletten findet sich kostenfreies Klopapier – warum nicht auch Menstruationshygiene kostenfrei zugänglich machen?

Was sagt es über eine Gesellschaft, dass wir in Kauf nehmen, dass junge Menschen wegen ihrer Menstruation ihre Bildung vernachlässigen?

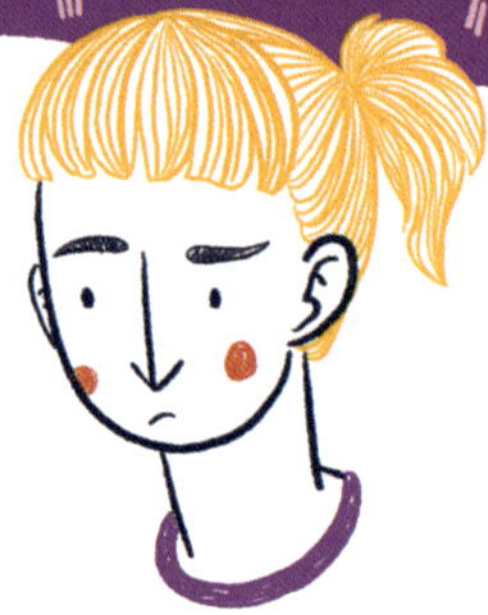

Was dagegen unternehmen?

- Frag in deiner Schule/Uni/Arbeitsplatz, ob neben dem Toilettenpapier auch Menstruationshygieneartikel verfügbar gemacht werden können. Ein*e Vertrauenslehrer*in oder Gleichstellungsbeauftragte*r kann dir vielleicht helfen.
- Rede mit Menschen über alternative Formen von Menstruationshygiene. Eine Menstruationstasse ist auf lange Sicht zum Beispiel günstiger.
- Spende Menstruationsprodukte an Tafeln oder Unterkünfte für wohnungslose Menschen.
- Poste auf Sozialen Medien oder teile Beiträge von dem Hashtag #endperiodpoverty, um dein Umfeld aufzuklären.

JUNGFRÄULICHKEIT

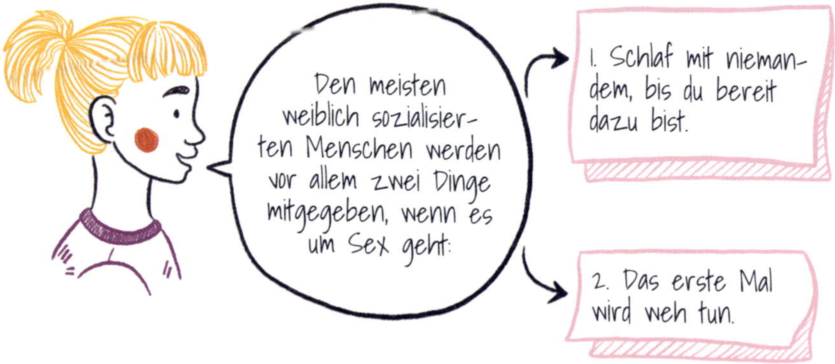

Viele weiblich sozialisierte Menschen haben Angst vor ihrem ersten Mal. Nicht nur vor Schmerzen, sondern auch davor, danach etwas kostbares verloren zu haben: Ihre Unschuld.

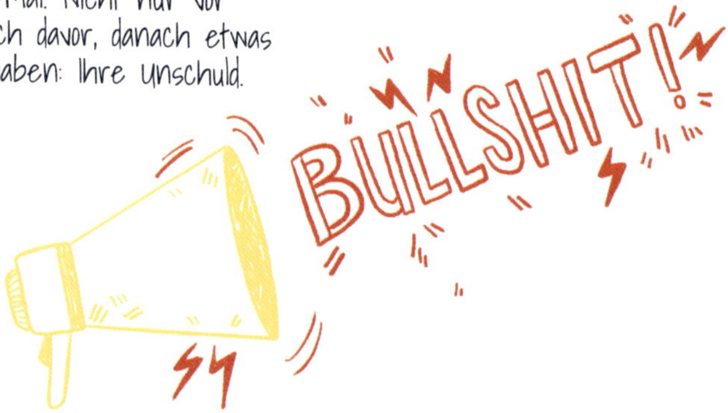

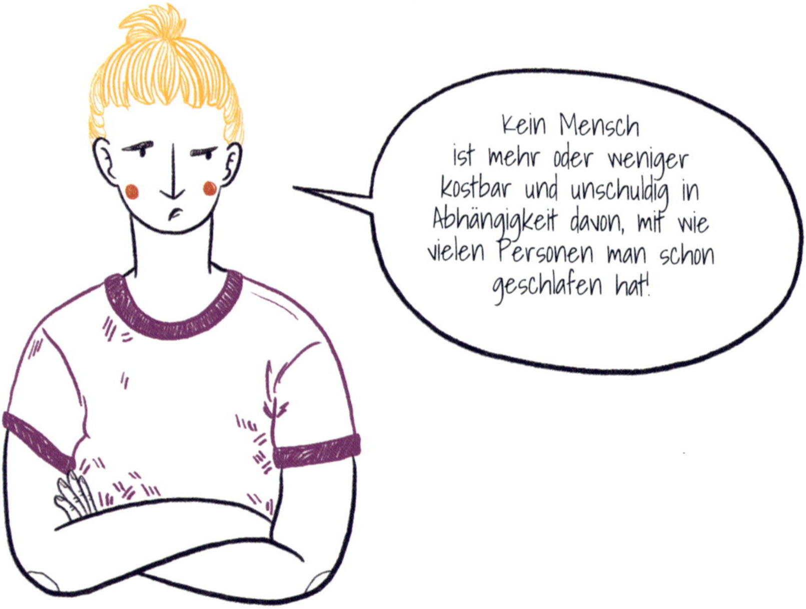

WAS IST SEX ÜBERHAUPT?

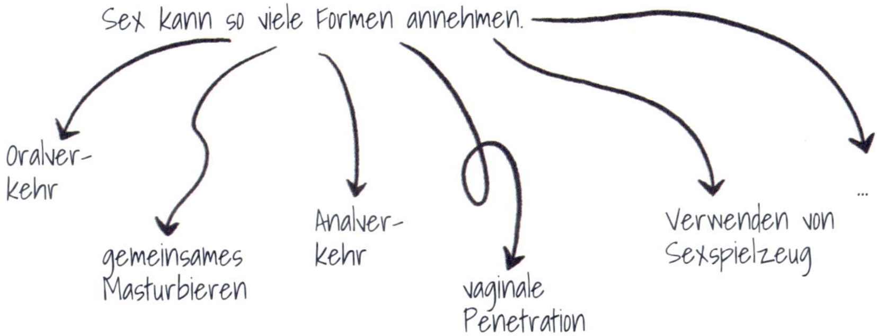

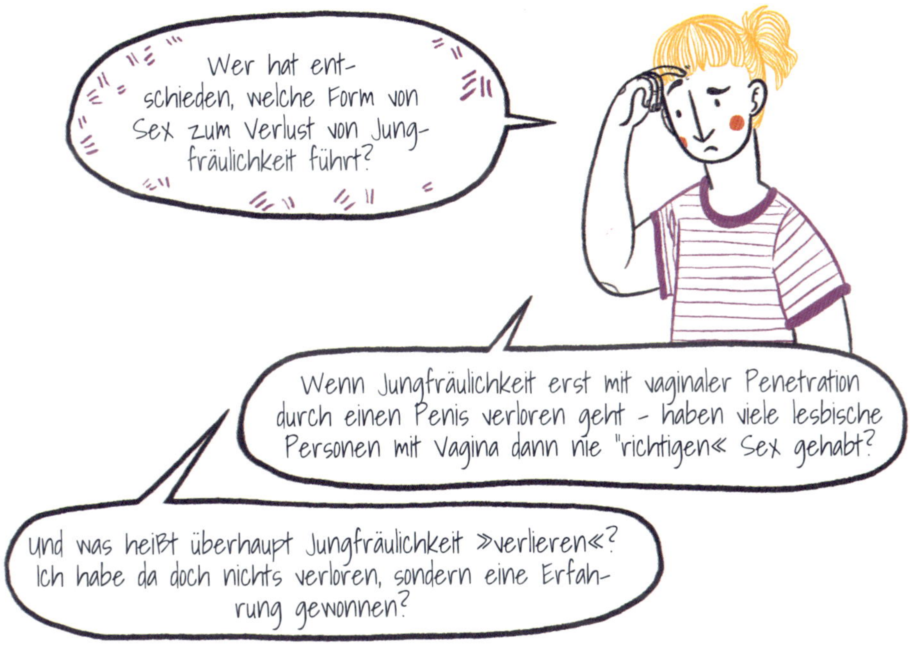

Jede Person muss selbst bestimmen, wo für sie Sex anfängt. Wie weit du mit wem gehen möchtest und wie »jungfräulich« du danach bist – das ist allein deine Entscheidung.

TUT ES WEH?

Um die erste Penetration gibt es den Mythos, dass sie schmerzhaft und blutig sein würde.

Wenn du entspannt und erregt bist, solltest du keine bis kaum Schmerzen haben.

Tipps für schmerzfreien Sex:

1. Gleitgel!
2. Sich Zeit lassen.
3. Vorspiel.
4. Entspannen, Atmen, Spaß haben.
5. Wissen, dass du jederzeit Nein/Stopp sagen kannst.
6. In einer Position sein, in der du die Kontrolle hast.

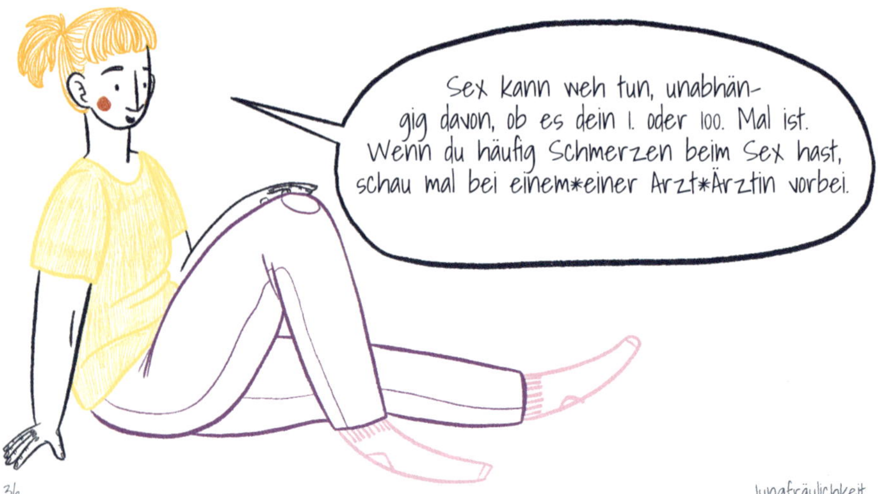

BLUT & HYMEN

Das Hymen ist eine dünne, membranartige Hautfalte, welche die Vaginalöffnung umrandet und/oder teilweise bedeckt.

Dass das Hymen, besser bekannt als Jungfernhäutchen, die Vaginalöffnung komplett bedeckt ist ein Ausnahmefall.

Meistens sieht es eher irgendwie so aus:

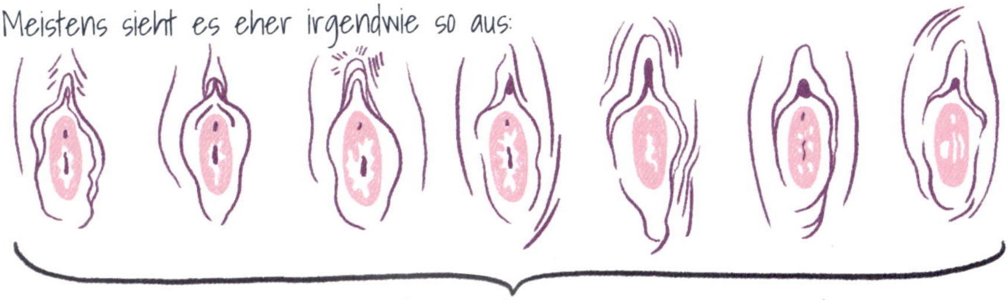

Die Größe und Form des Hymen hängen nicht davon ab, ob und wie oft die Vagina penetriert wurde.

Hymen sind unglaublich unterschiedlich – vermutlich weil sie keine Funktion erfüllen. Sie sind Nebenprodukte der Entwicklung eines Fötus. Ähnlich den Brustwarzen von Männern.

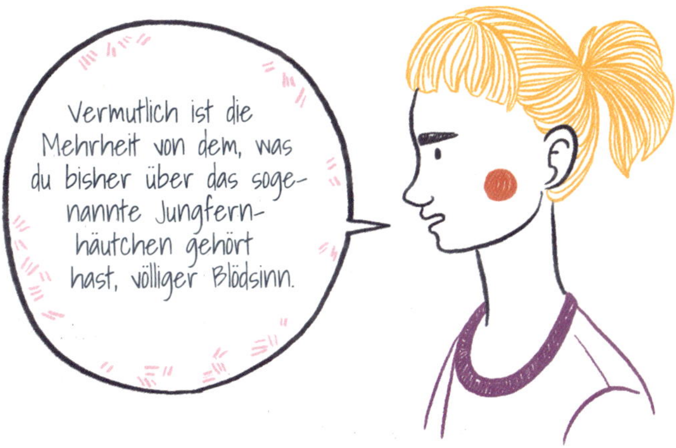

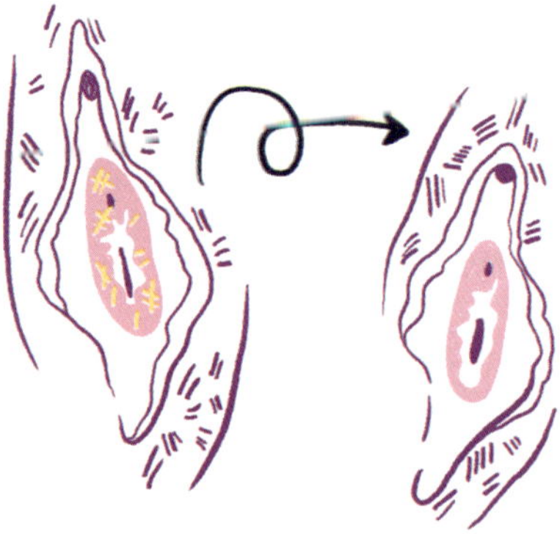

Das Hymen bricht nicht und bliebt dann für immer kaputt wie ein Frischesiegel! Sollte es wirklich mal reißen oder verletzt werden, dann heilt es.

Mit regelmäßiger Penetration wird das Hymen mehr und mehr flexibel. Wenn es nicht daran gewöhnt ist, gedehnt zu werden, kann es bei Penetration weh tun. Eine wahrscheinlichere Schmerzursache ist das Fehlen von Feuchtigkeit, Gleitgel ist eine gute Lösung.

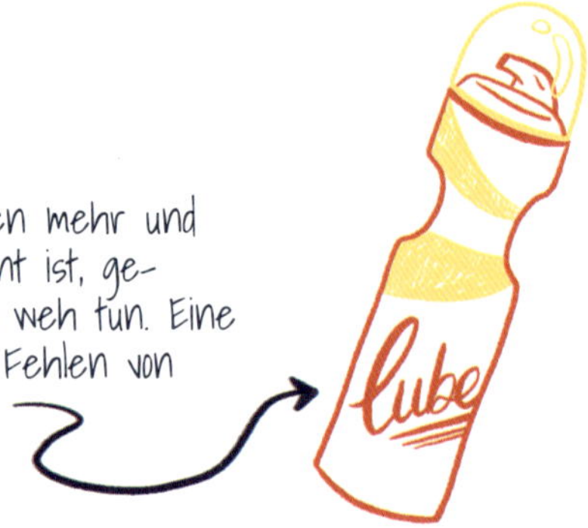

Für gewöhnlich verursacht das Hymen kein Blut. Blut beim »ersten Mal« kommt eher von kleinen Rissen in der Vagina, wenn Feuchtigkeit fehlt. (Nochmal: Gleitgel, tolles Zeug.)

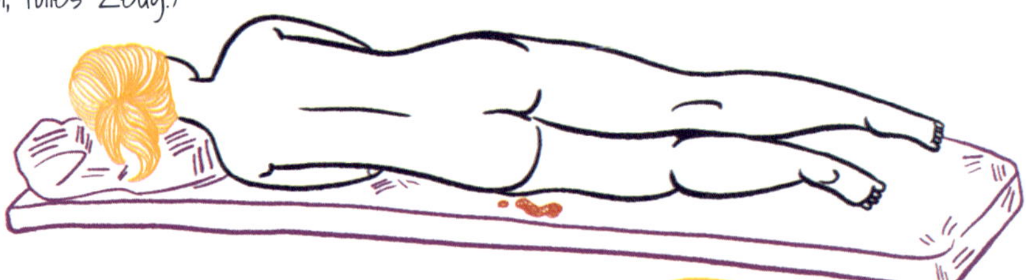

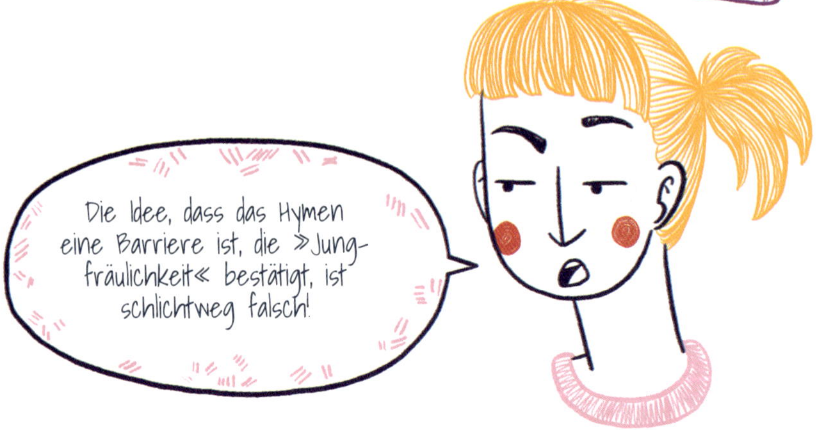

Es gibt Operationen, um Hymen zu »rekonstruieren« oder eine Kunstmembran mit Kunstblut einzufügen. Menschen mit Vagina, die unter hohem Druck stehen, in ihrer Hochzeitsnacht durch eine Blutung ihre »Unschuld« zu beweisen, greifen häufig darauf zurück.

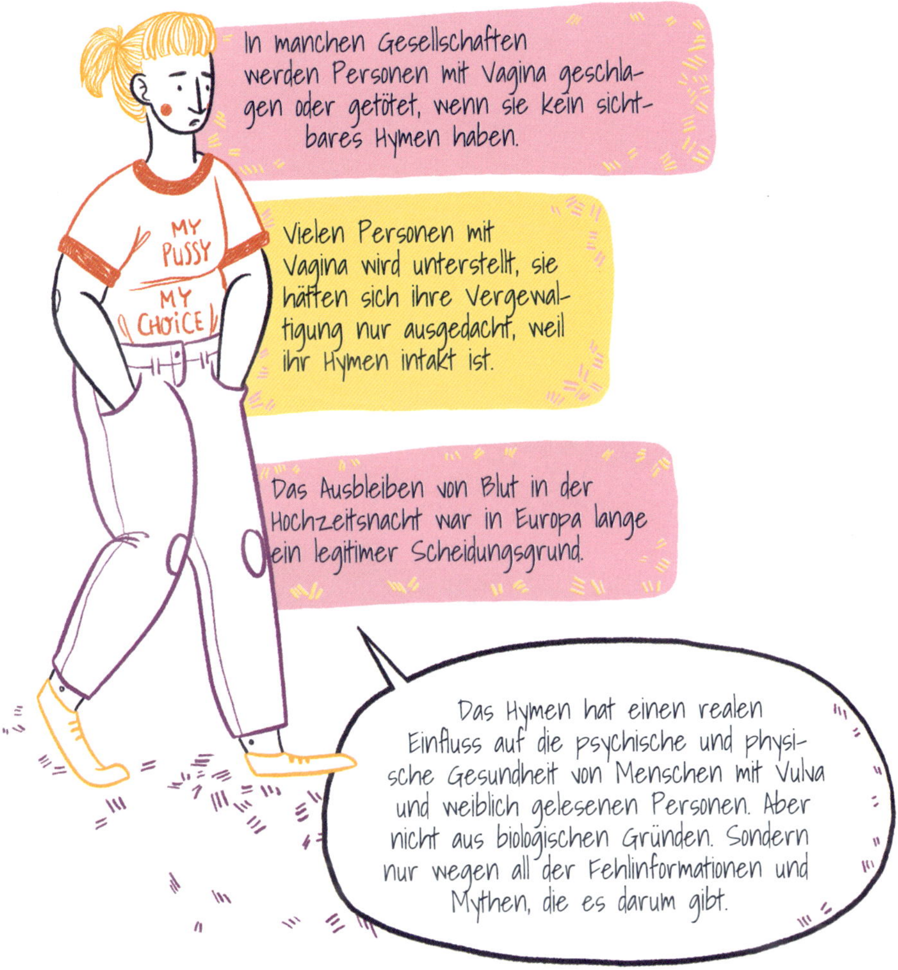

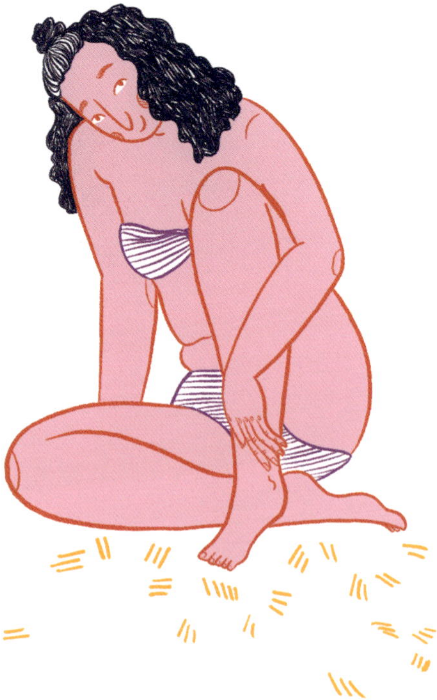

Du wirst dich nicht zwangsläufig in eine Person verlieben, nachdem du mit ihr geschlafen hast. Aber: Beim Orgasmus werden jede Menge Hormone ausgeschüttet, einige davon fördern Zuneigung und Bindung. Danach kuscheln zu wollen und sich ein bisschen verknallt zu fühlen ist also ganz normal.

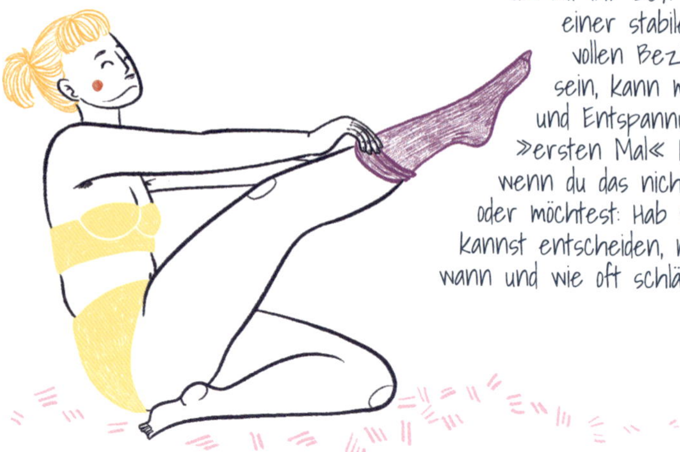

Genauso musst du nicht erst in eine Person verliebt sein, um mit ihr Sex zu haben. In einer stabilen, liebevollen Beziehung zu sein, kann mit Vertrauen und Entspannung beim »ersten Mal« helfen. Aber wenn du das nicht brauchst oder möchtest: Hab Spaß! Nur du kannst entscheiden, mit wem du wann und wie oft schläfst!

SEX-POSITIVITÄT

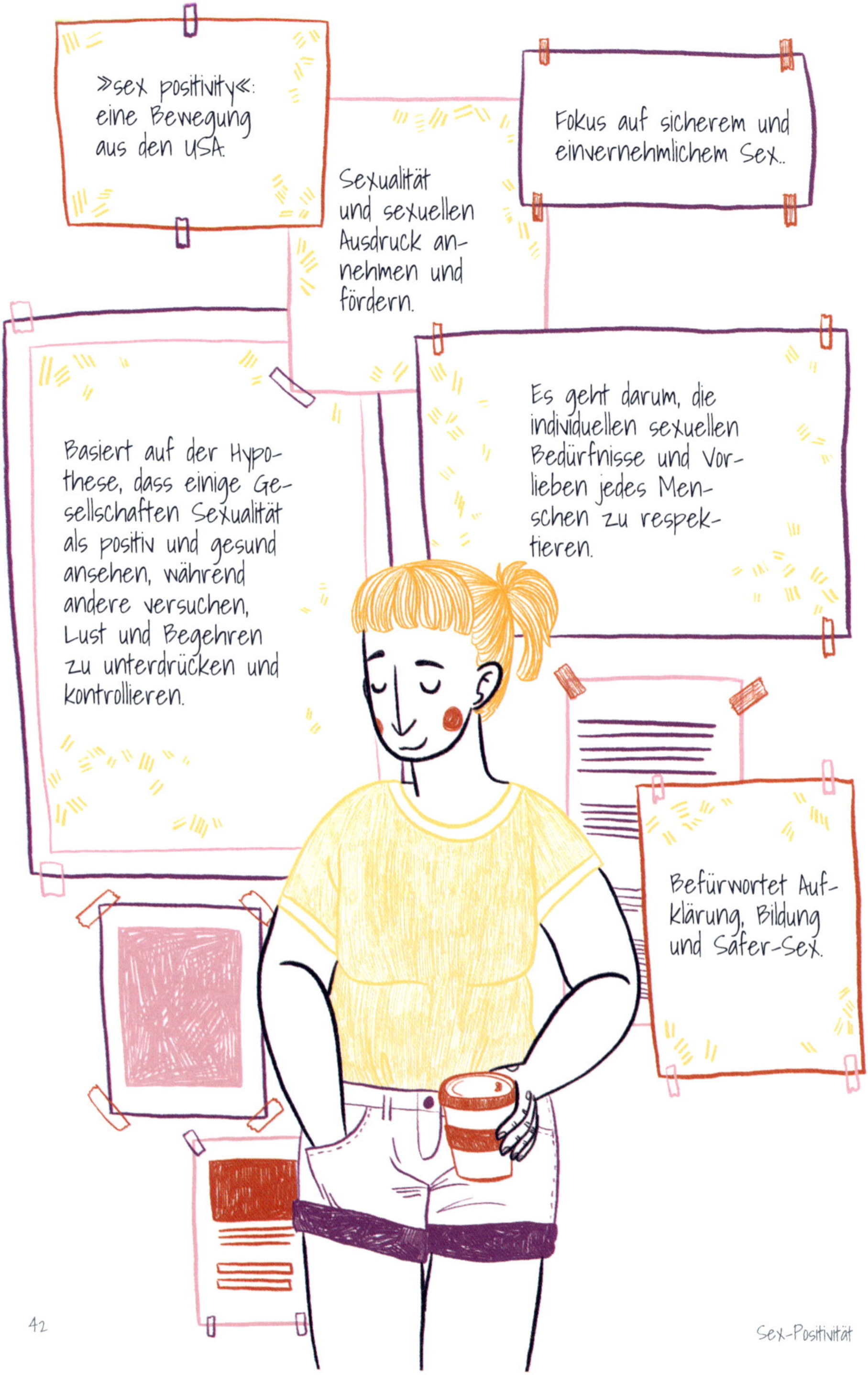
»sex positivity«: eine Bewegung aus den USA.
Sexualität und sexuellen Ausdruck an-nehmen und fördern.
Fokus auf sicherem und einvernehmlichem Sex..
Basiert auf der Hypo-these, dass einige Ge-sellschaften Sexualität als positiv und gesund ansehen, während andere versuchen, Lust und Begehren zu unterdrücken und kontrollieren.
Es geht darum, die individuellen sexuellen Bedürfnisse und Vor-lieben jedes Men-schen zu respek-tieren.
Befürwortet Auf-klärung, Bildung und Safer-Sex.

WAS SEX-POSITIVITÄT NICHT IST

- Pädophilie
- Ein feministischer Sexkrieg
- Frühsexualisierung
- Obszönität

WAS SEX-POSITIVITÄT NICHT UNBEDINGT IST

- Freie Liebe
- Homoerotik
- Gruppensex
- Polyamorie

Sex-Positivität ermutigt dich aber, diese Dinge auszuprobieren, wenn du neugierig bist.

WAS SEX-POSITIVITÄT IST

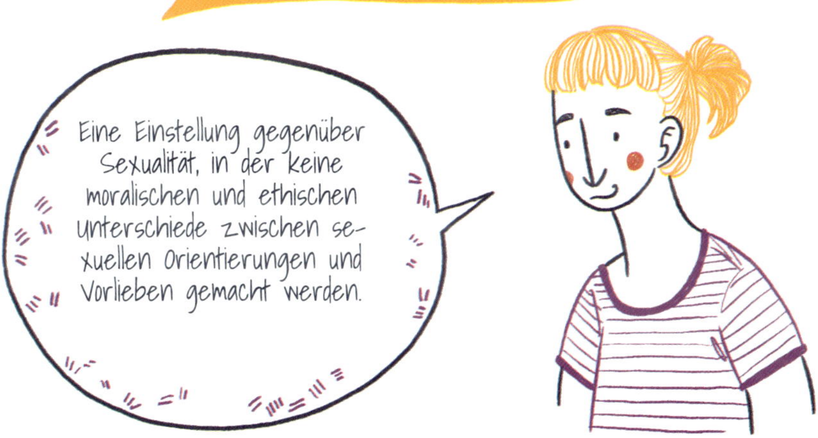

MASTURBATION

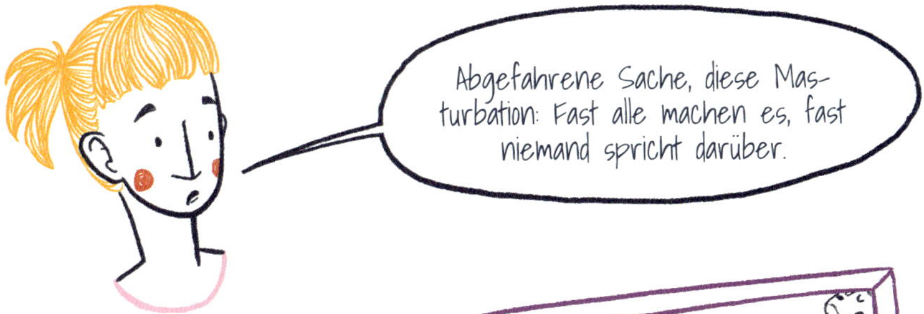

Aus Filmen und Serien wissen wir, dass es für männlich sozialisierte Personen zur Pubertät dazu gehört, sich regelmäßig einen runterzuholen.

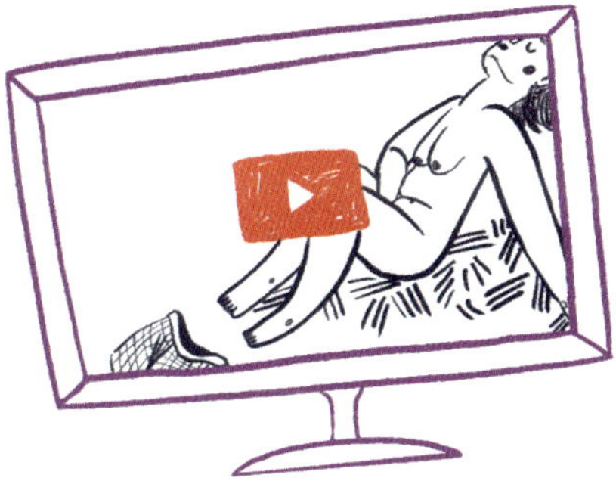

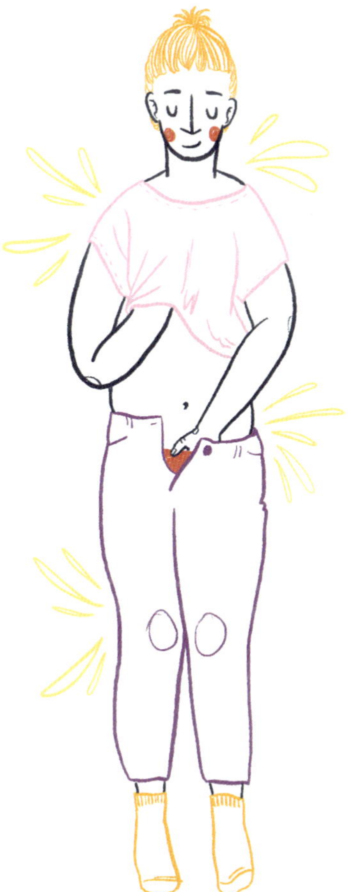

An alle weiblich sozialisierten Perseonen: Auch ihr dürft masturbieren! Masturbation ist nichts Ekliges oder Schamvolles oder Dreckiges!

Es gibt sogar Studien darüber, dass jugendliche Mädchen, die masturbieren, selbstbewusster sind und ihren Körper positiver wahrnehmen. Gute Gründe also, Masturbation mal eine Chance zu geben.

Masturbation ist eine Chance, herauszufinden, was du magst, was du nicht so gut findest, wie dein Körper funktioniert.

Es geht beim Masturbieren nicht darum, ob du kommst. Nur darum, dass du dich wohlfühlst und eine gute Zeit hast.

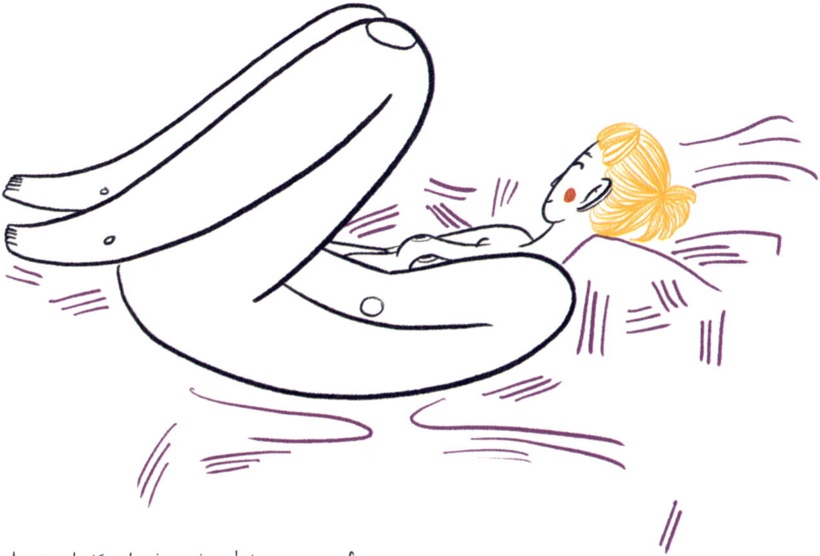

Du kannst Fantasien in deinem Kopf durchspielen. Genauso verschiedene Berührungen und Bewegungen.

Die Hormone, die beim Masturbieren ausgeschüttet werden, helfen außerdem zu entspannen. Perfekt also, um besser einzuschlafen oder im Prüfungsstress abzuschalten.

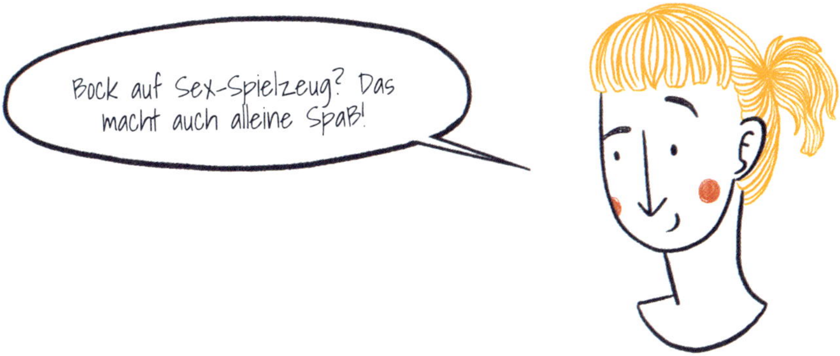

Schau vorher nach, ob dein Spielzeug wirklich keine Weichmacher enthält. Wenn du das nicht sicher weißt: Kondom drüber.

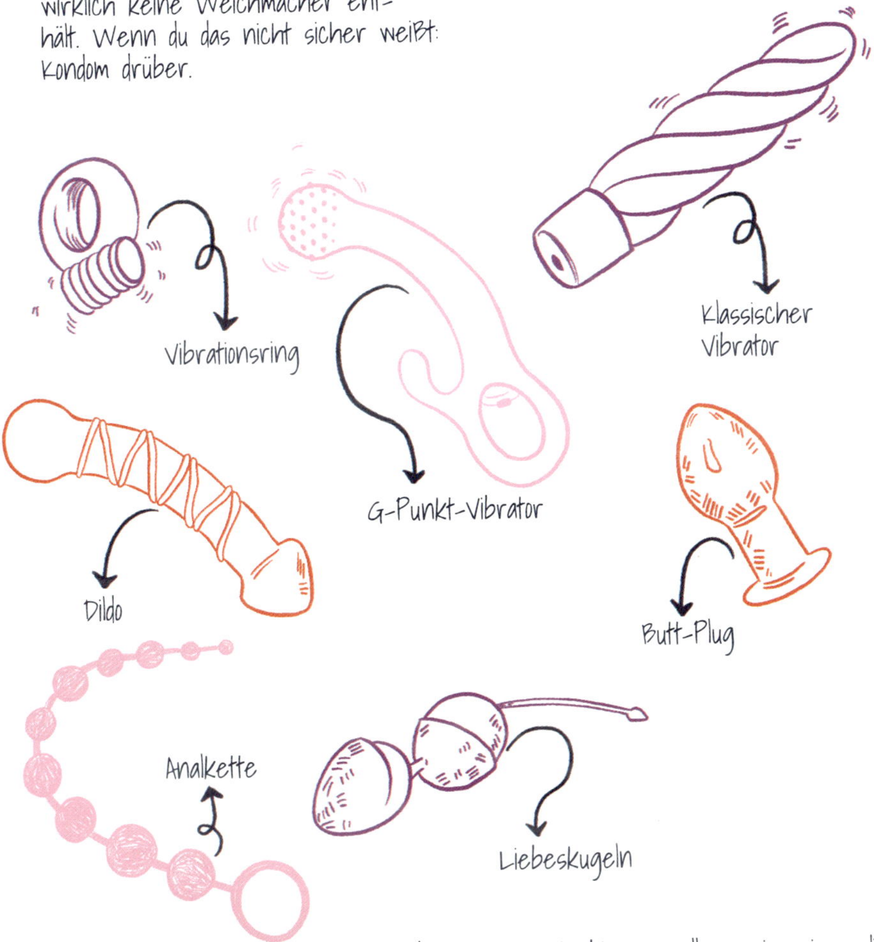

Solltest du aus irgendwelchen Gründen nicht masturbieren wollen – ignoriere die letzten Seiten und mach dein Ding! Es ist dein Körper und deine Entscheidung, was du damit tun und lassen magst.

PORNOGRAFIE

Dank dem Internet wird Pornografie immer zugänglicher.

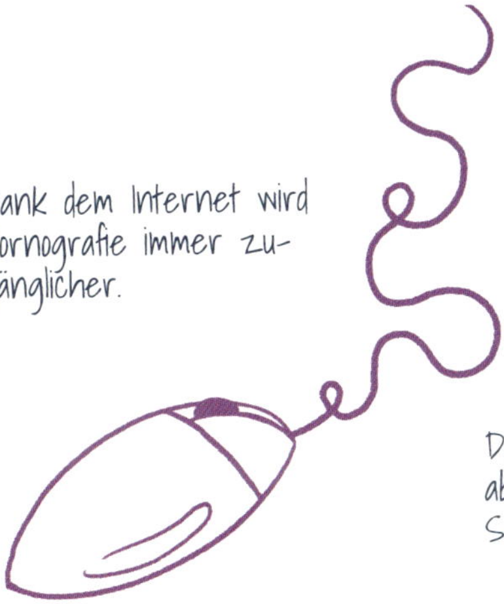

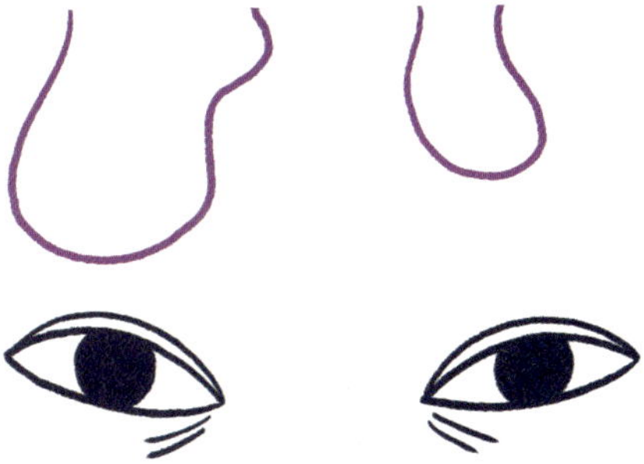

Das kann völlig harmlos sein. Es kann dir aber auch ein völlig unrealistisches Bild von Sexualität geben!

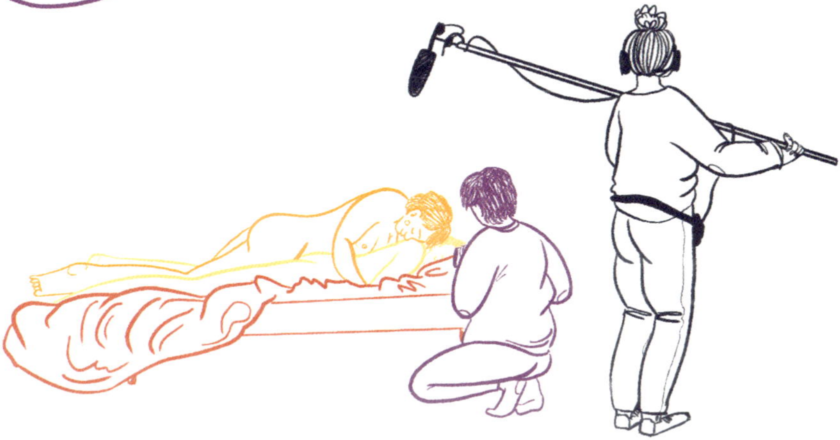

Erinnere dich immer wieder selbst daran – Porno-Darsteller*innen sind genau das: Darsteller*innen! Sie spielen etwas, sind geschminkt und perfekt in Szene gesetzt. Was in Pornos passiert, sieht mit großer Wahrscheinlichkeit im echten Leben völlig anders aus.

Kleiner Tipp: Bezahl für deine Pornos, wenn du kannst. Die Qualität ist so viel besser. Inzwischen gibt es sogar einen Markt sex-positiver Pornografie. Eine oft gelobte Produzentin ist zum Beispiel Erika Lust.

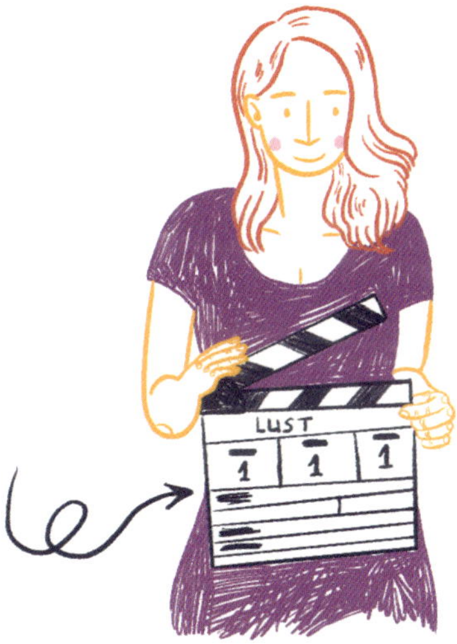

WICHTIGE UNTERSCHIEDE ZWISCHEN PORNO-SEX UND »ECHTEM« SEX

1. Consent (Einvernehmlichkeit)

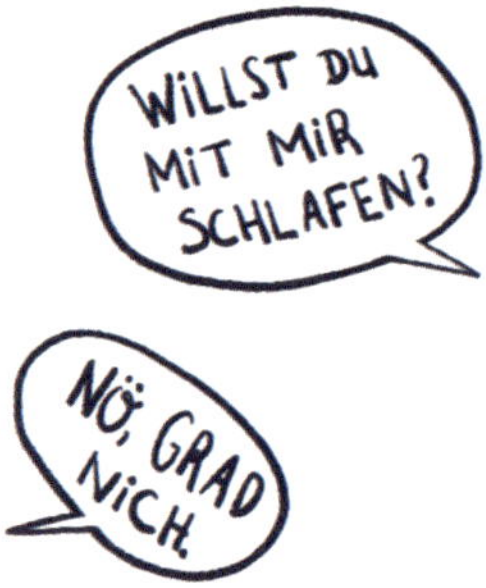

In Pornos haben Menschen irgendwie immer Bock auf Sex. Ist ja auch die Handlung, schon okay. In realen Begegnungen sollten alle Beteiligten sich vorher sicher sein, dass sie selbst und ihre Partner*innen einverstanden sind mit dem, was gerade passiert.

2. Körperhaare

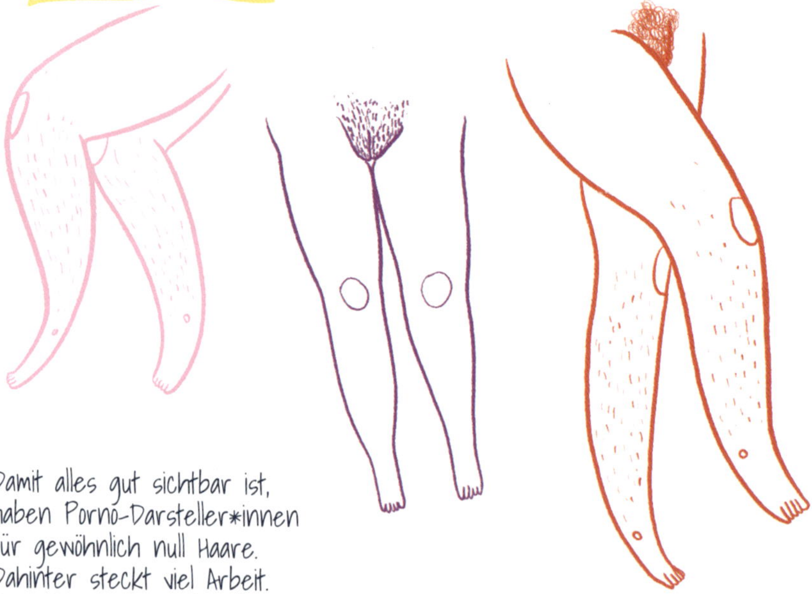

Damit alles gut sichtbar ist, haben Porno-Darsteller*innen für gewöhnlich null Haare. Dahinter steckt viel Arbeit. Erwarte nicht von dir oder anderen, dass ihr haarlos seid. Ob jemand seine*ihre Haare an bestimmten Stellen entfernen möchte oder nicht, ist komplett seine*ihre Entscheidung.

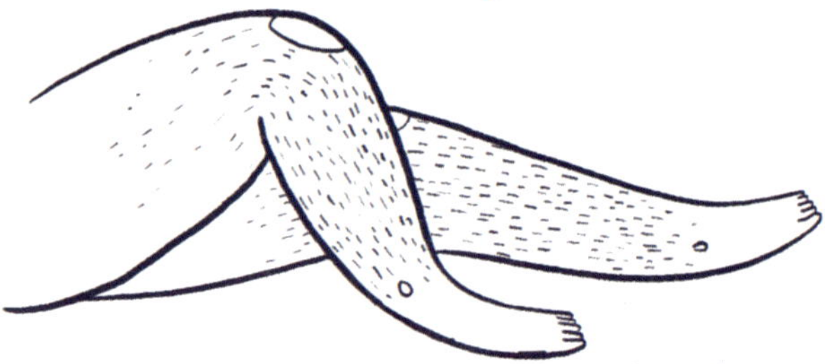

3. Analverkehr

Analverkehr ist völlig üblich in vielen Pornos. Im echten Leben haben nicht alle Menschen jedes Mal oder jemals Analverkehr. Viele wechseln nichtmal die Stellung. Wenn »Blümchensex« euer Ding ist – voll okay. Mach, was du und dein*e Partner*in toll finden, nicht was ihr denkt, das ihr toll finden solltet.

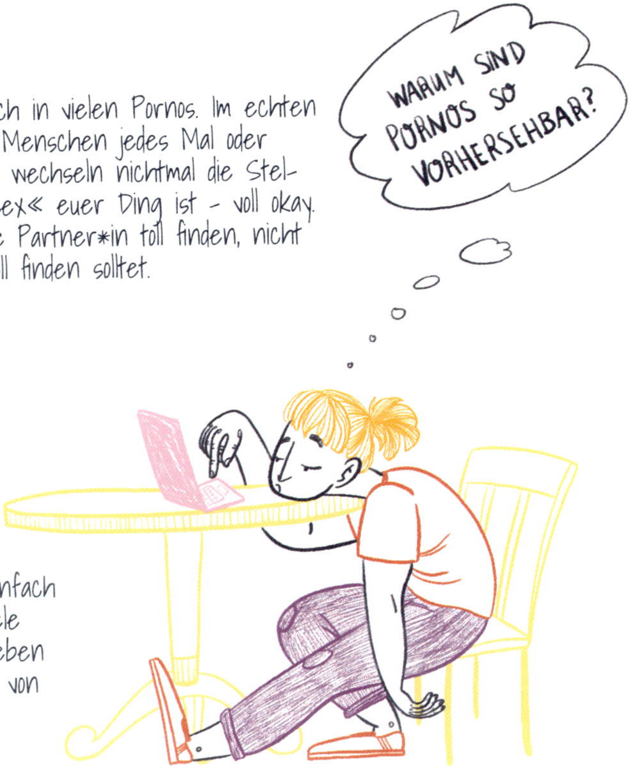

4. Vorspiel

Fehlt in Pornos häufig einfach komplett, ist aber für viele Menschen im echten Leben ein wichtiger Bestandteil von Sexualität.

5. Geräusche

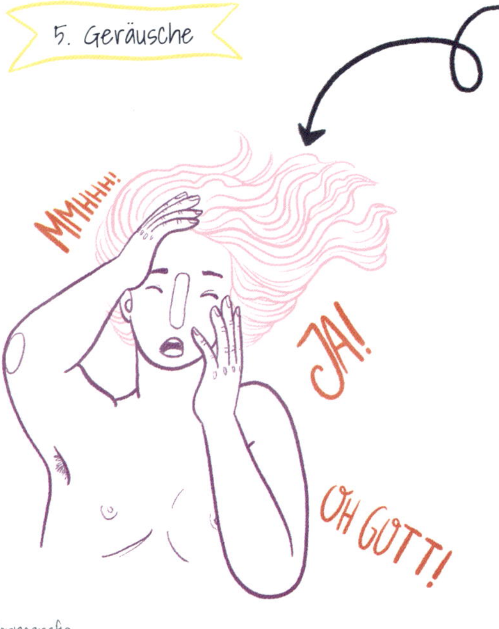

Vor allem die weiblich gelesenen Personen in Pornos sind verdammt laut. Davon ist viel bis alles gespielt. Erwarte nicht von dir und anderen, dass bei jeder Berührung sofort losgestöhnt wird. Wenn jemand nicht so viele Geräusche macht, wie du das aus Pornos kennst, heißt das nicht unbedingt, dass die Person nicht mag, was du machst.

6. Kondome

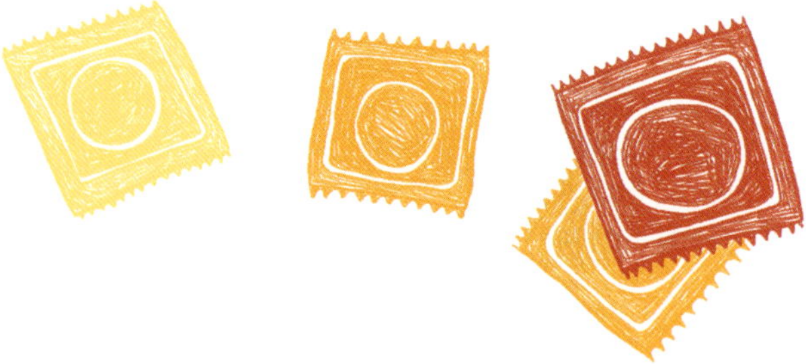

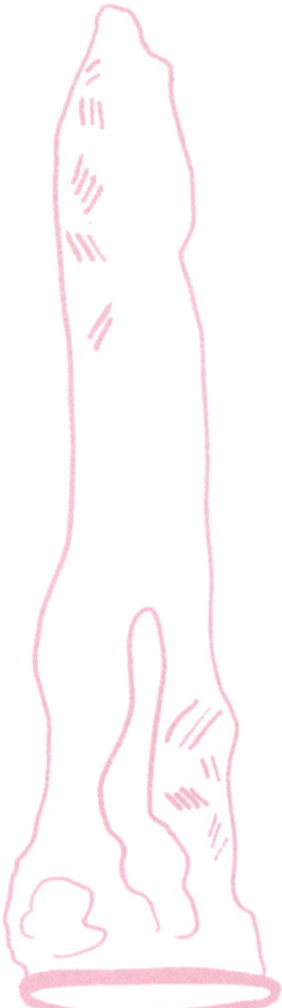

In Pornos werden selten Kondome verwendet – genauso wie bei der Haarentfernung vor allem für die Sichtbarkeit. Porno-Darsteller*innen lassen sich deswegen auch regelmäßig auf sexuell übertragbare Krankheiten testen, um sicherzugehen, dass sie sich selbst und andere nicht in ungesunde Situationen bringen. Fühl dich nicht dazu gezwungen, Sex ohne Kondom zu haben, nur weil das auf dem Bildschirm zu sehen ist.

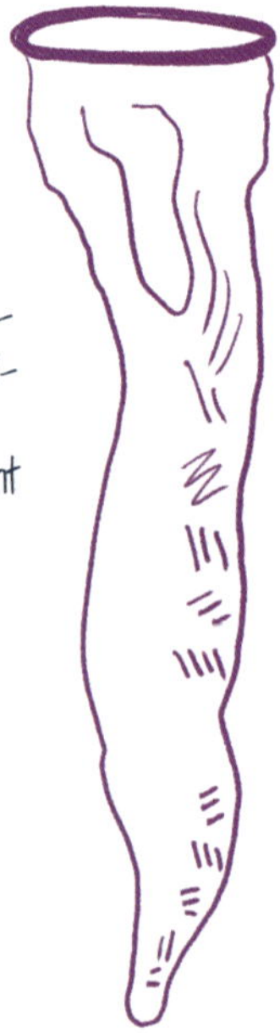

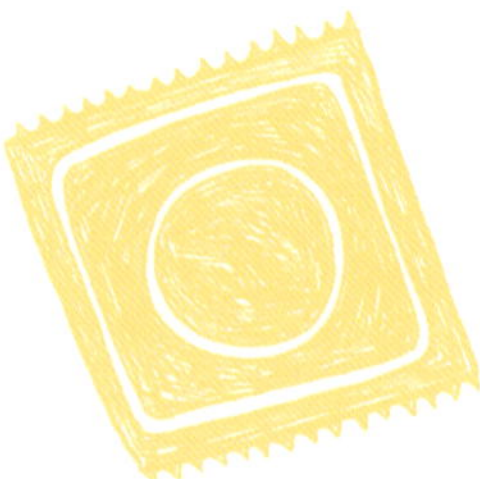

7. Der »Cum-Shot«

So wird die Einstellung genannt, in der zu sehen ist, wie auf irgendein Körperteil der weiblich gelesenen Perseon ejakuliert wird. Nicht alle Menschen mögen das. Redet vorher darüber.

8. Körper

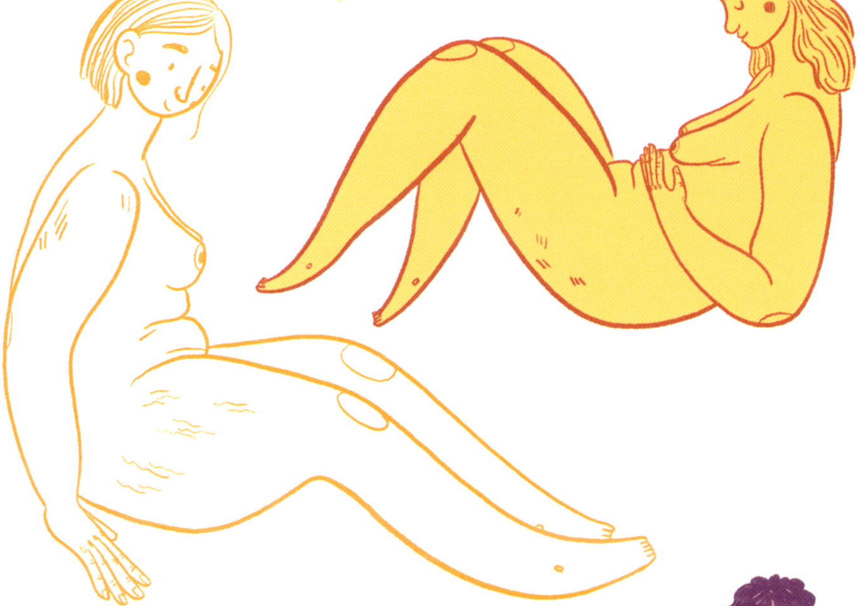

Im echten Leben haben Menschen verschiedene Körperformen. Nicht alle sind super dünn, einige haben Cellulite oder Leberflecken oder Brüste, die nicht nach Porno-Titten aussehen. Versuche dich selbst und andere nicht mit dem zu vergleichen, was du in Pornos siehst. Du bist so schön!

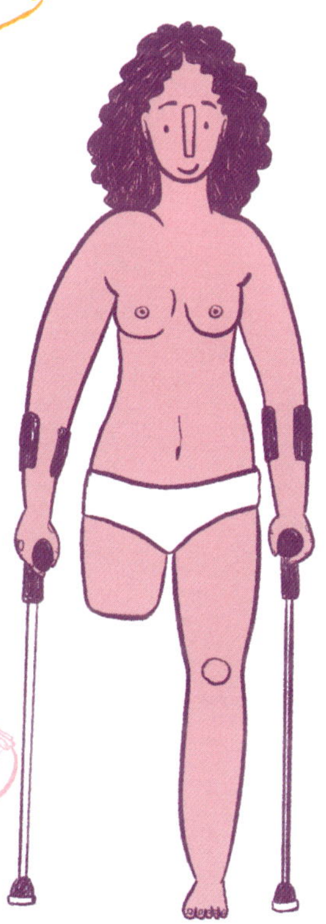

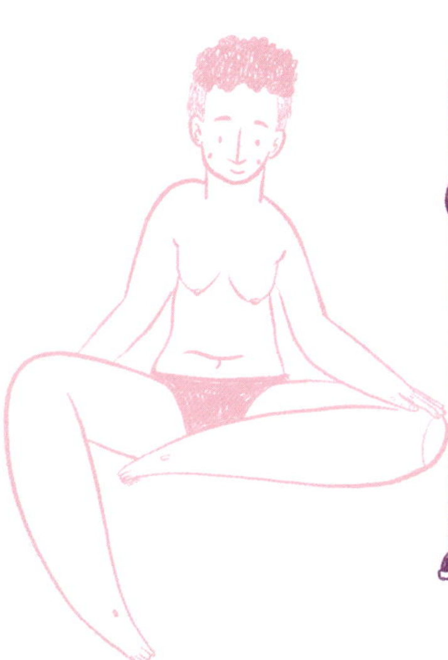

STI

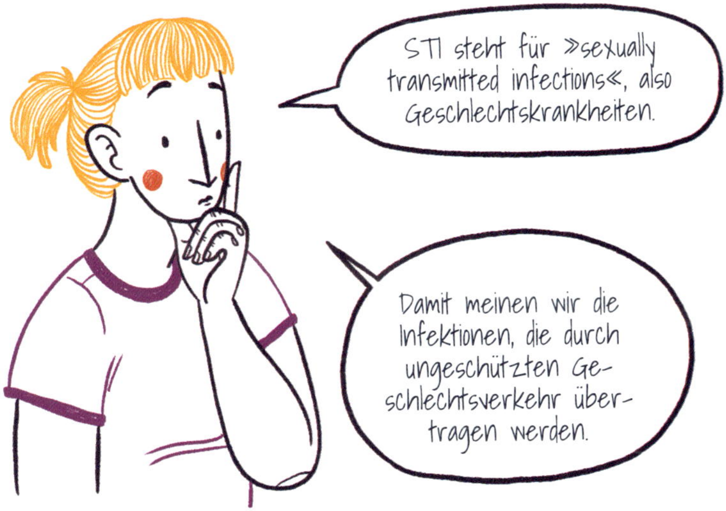

Die meisten STIs sind einfach zu behandeln. Ernstnehmen solltest du sie trotzdem. Unbehandelt kann es langfristig zu schwerwiegenderen Erkrankungen kommen.

Wenn du Sex hast, solltest du dich auch regelmäßig testen lassen.

Gehe nicht davon aus, dass du schon merken würdest, wenn du betroffen bist. Viele STIs haben keine oder wenige Symptome. Ein Test ist also die einzige Art sicherzugehen.

In der Schule erleben wir alle sex-negativen Aufklärungsunterricht. Wir bekommen beigebracht, dass STIs furchtbar sind und wir Angst haben sollten.

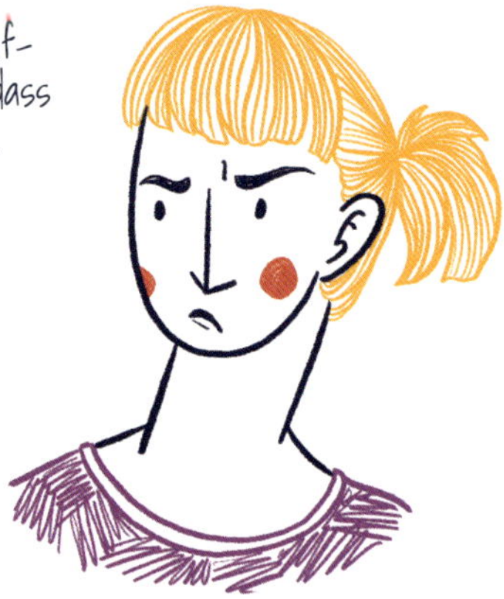

Statistisch betrachtet werden auch einige deiner Freund*innen im Laufe ihres Lebens eine Geschlechtskrankheit haben. Oder du selbst.

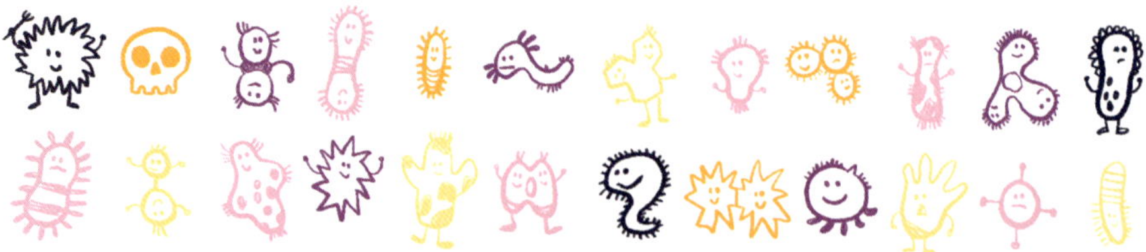

STIs sind auch nur Krankheiten. Wie eine Grippe. Und um das Stigma loszuwerden, sollten wir mehr darüber sprechen.

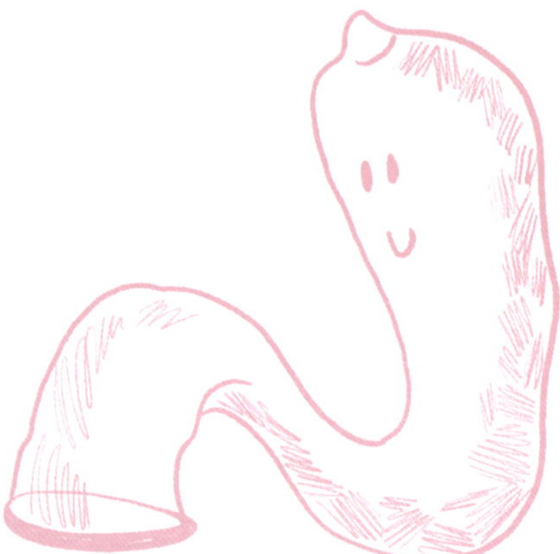

Jedenfalls musst du keine Angst haben. Mit Kondom und Lecktuch kannst du dich gut schützen. Und wenn du doch mal krank bist, wird dein*e Arzt*Ärztin dir helfen können.

ÜBERTRAGUNG

Die meisten Geschlechtskrankheiten werden durch ungeschützten Vaginal-, Anal- oder Oralverkehr übertragen.

Auch das gemeinsame Masturbieren oder Verwenden und Austauschen von Sex-Spielzeug kann zu einer Übertragung führen.

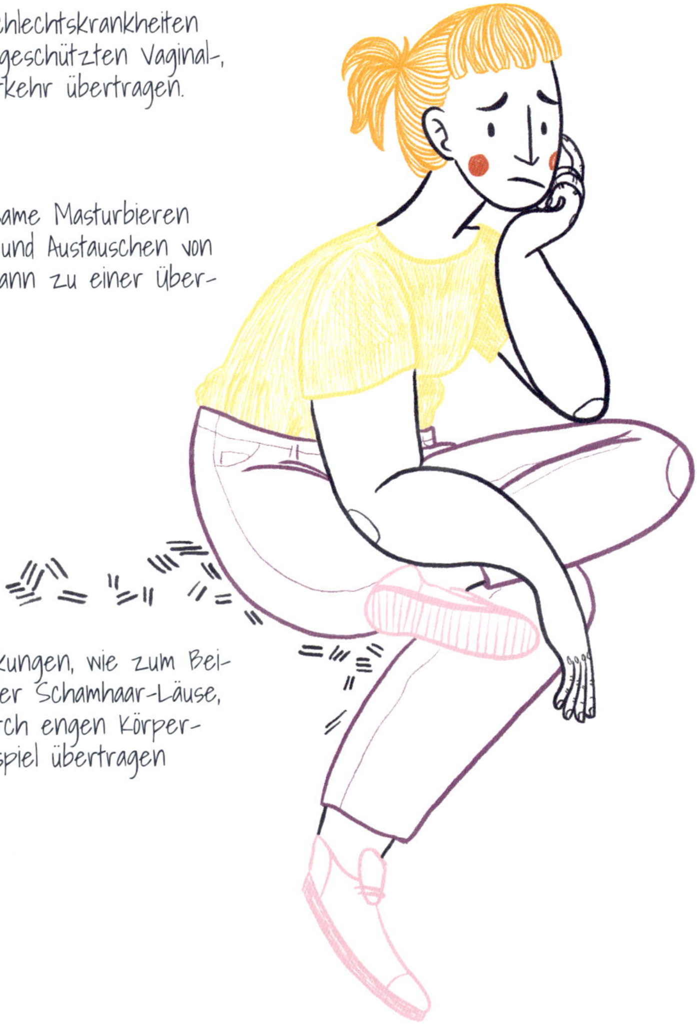

Einzelne Erkrankungen, wie zum Beispiel HP-Viren oder Schamhaar-Läuse, können schon durch engen Körperkontakt beim Vorspiel übertragen werden.

STI-WAHRHEITEN
(weil es schon genug Mythen gibt)

Umarmungen, Handtücher teilen, Schwimmbäder und Toilettensitze sind keine Überträger von STIs. Geschlechtskrankheiten werden vor allem über den Kontakt von Blut, Sperma und Vaginalflüssigkeit übertragen. In seltenen (Einzel-)Fällen auch durch Kontakt des Genitalbereichs und Küssen.

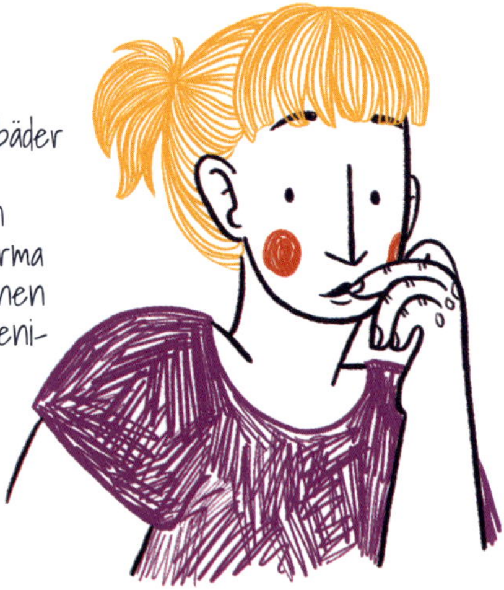

Auch ohne Penetration oder Ejakulation kann eine Geschlechtskrankheit übertragen werden.

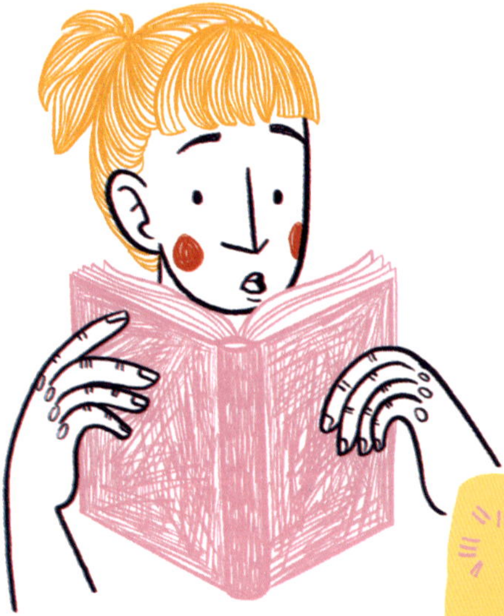

Genauso musst du dich beim Oralverkehr vor STIs schützen.

AIDS betrifft nicht nur Männer, die mit Männern schlafen. Es ist keine »Schwulen-Krankheit«. Jeder Mensch kann von HIV betroffen sein.

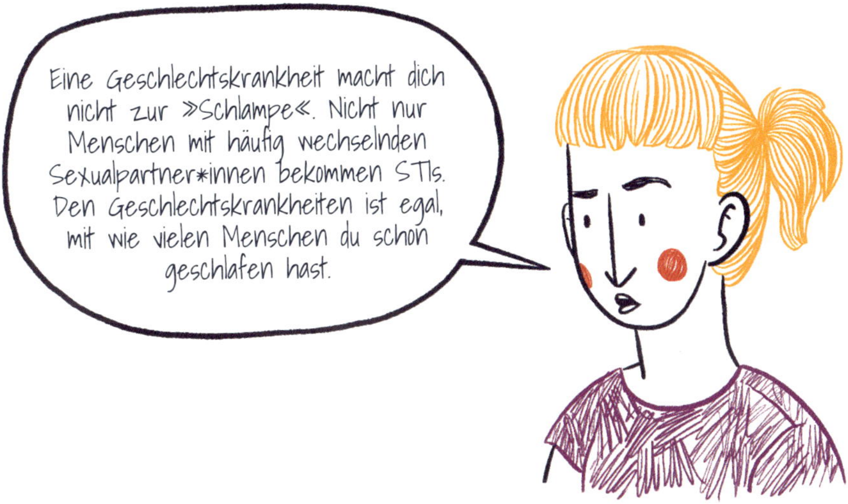

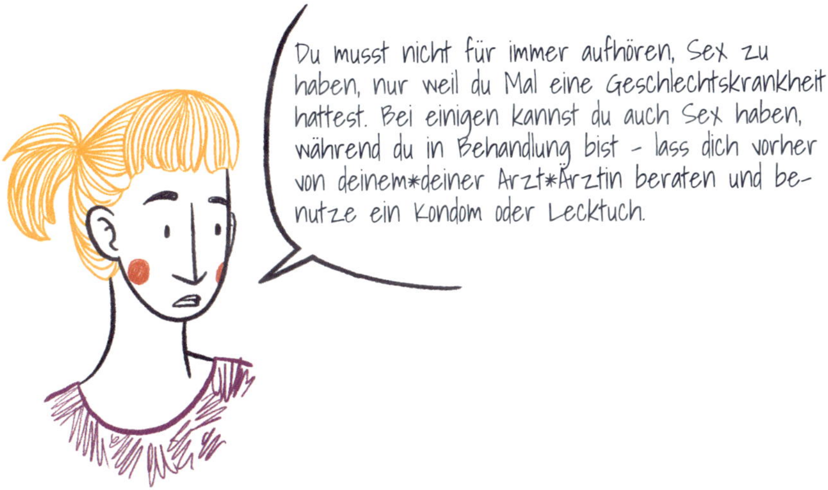

Egal wie unangenehm das Gespräch dir erscheinen mag: Du musst deinen vergangenen und aktuellen Sexualpartner*innen von deiner Geschlechtskrankheit erzählen. Das ist nur fair, damit sie sich auch testen lassen können. Falls du eine witzige Serie zum Thema »über Geschlechtskrankheiten reden« schauen möchtest, empfehle ich dir »Lovesick«.

Zu den häufigsten Symptomen gehören Ausfluss, Schmerzen beim Pinkeln, Zwischenblutungen und Unterleibsschmerzen.

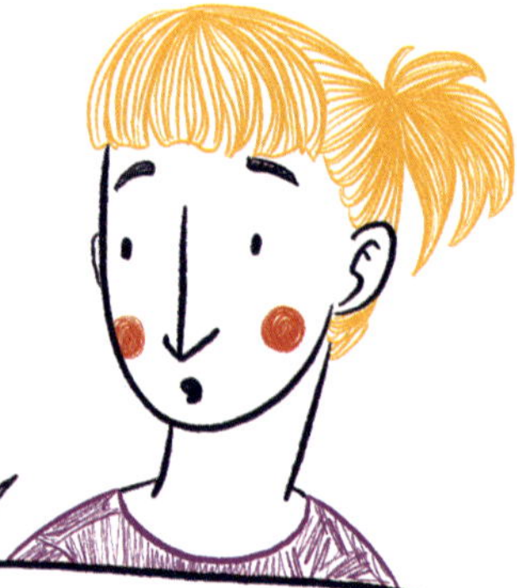

In vielen Fällen bleibt eine Geschlechtskrankheit jedoch ohne Symptome! Sicher wissen, ob du betroffen bist, kannst du nur durch einen Test. Bis du 25 bist zahlt die Krankenkasse einen jährlichen Chlamydien-Test.

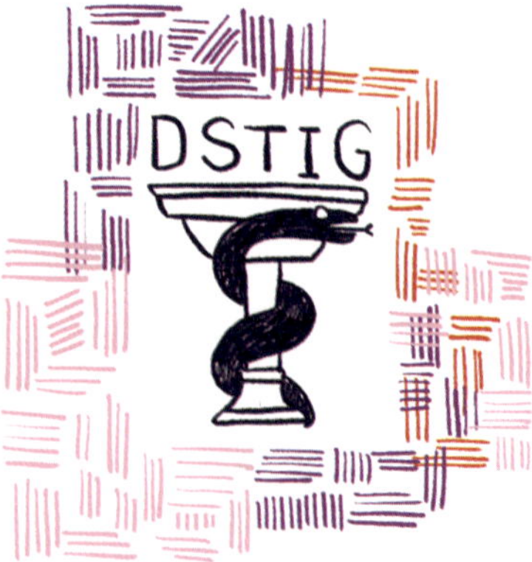

Einen Überblick zu den einzelnen STIs, ihren Symptomen und möglichen Folgen, findest du auf der Website der Deutschen STI-Gesellschaft: dstig.de.

VERHÜTUNG & SAFER SEX

METHODE	VERWENDUNG	WIRKUNG	VORTEILE	NACHTEILE
Die Kombi-Pille (Kombination aus Östrogen und Gestagen)	Tägliche Einnahme, nach 3 Wochen eine Woche Pause mit Abbruchsblutung	- Eisprung wird gehemmt - Aufbau von Gebärmutterschleimhaut wird gestoppt	- sehr sicherer Schutz vor Schwangerschaft - Monatsblutung wird häufig schwächer - Regelschmerzen nehmen ab	- viele Nebenwirkungen, unter anderem: Gewichtszunahme, Stimmungsschwankungen oder depressive Verstimmungen, Libidoverlust, Migräne
Die Mini-Pille (Gestagen-Pille)	Tägliche Einnahme ohne Pause	- Eisprung wird gehemmt	- sehr sicherer Schutz vor Schwangerschaft - Monatsblutung wird häufig schwächer - Regelschmerzen nehmen ab	- mögliche Nebenwirkungen: unregelmäßige Blutungen, Stimmungsschwankungen, Libidoverlust, Akne
Hormonpflaster (Kombination aus Östrogen und Gestagen)	Wöchentliches Aufkleben eines Pflasters, nach 3 Wochen eine Woche Pause	- Eisprung wird gehemmt - Aufbau von Gebärmutterschleimhaut wird gestoppt	- kein Wirkungsverlust durch Erbrechen oder Durchfall	- Hautreizungen möglich - Nebenwirkungen: Gewichtszunahme, Stimmungsschwankungen, Akne, Kopf- und Bauchschmerzen

Vaginalring (Kombination aus Östrogen und Gestagen)	- Ring wird für 3 Wochen in die Vagina eingeführt, eine Woche Anwendungspause	- Eisprung wird gehemmt - Aufbau von Gebärmutterschleimhaut wird gestoppt	- kein Wirkungsverlust durch Erbrechen oder Durchfall	- Ring kann ausgestoßen werden oder sich nach einem Fremdkörper anfühlen - mögliche Nebenwirkungen: Gewichtszunahme, vaginale Entzündungen, depressive Verstimmungen, Libidoverlust
Hormonspritze	- Gestagen wird alle 3 Monate unter die Haut gespritzt	- Eisprung wird gehemmt - Aufbau von Gebärmutterschleimhaut wird gestoppt	- kein Wirkungsverlust durch Erbrechen oder Durchfall	- bei Unverträglichkeit kann das Mittel nicht abgesetzt werden - mögliche Nebenwirkungen: unregelmäßige Blutungen, Depressionen, Gewichtszunahme, Akne

Hormonimplantat / -stäbchen	Stäbchen wird für 3-5 Jahre unter die Haut des Oberarms gelegt	- Eisprung wird gehemmt - Aufbau von Gebärmutter-schleimhaut wird gestoppt	- Langzeitverhütung - kein Wirkungsverlust durch Erbrechen oder Durchfall	- mögliche Nebenwirkungen: Gewichtszunahme, vaginale Entzündungen, depressive Verstimmungen, Kopfschmerzen, Akne, unregelmäßige Blutungen
Hormonspirale (IUS)	- Hormonspirlae wird für 3-5 Jahre in die Gebärmutter eingelegt	- Aufbau der Gebärmutter-schleimhaut wird gestoppt - Spermien werden in ihrer Beweglichkeit eingeschränkt	- Langzeitverhütung - kein Wirkungsverlust durch Erbrechen oder Durchfall - durch lokale Wirkung ist die Hormondosierung geringer	- mögliche Nebenwirkungen: Zwischenblutungen, Akne, depressive Verstimmungen, vaginale Infektion, Bauch- und Kopfschmerzen

Kupferspirale + Kupferkette	Spirale / Kette wird für 5–10 Jahre in die Gebärmutter eingelegt	- Abgabe von Kupferionen tötet Spermien ab - Einnisten einer befruchteten Eizelle wird unterbrochen	- Langzeitverhütung - kein Wirkungsverlust durch Erbrechen oder Durchfall - keine hormonellen Nebenwirkungen - natürlicher Zyklus bleibt erhalten	- löst häufig verstärkte Regelblutungen oder Zwischenblutungen aus - verstärkt eventuell Menstruationsschmerzen
Kondom + Femidom	Dünnes, reißfestes Silikon wird bei Bedarf übergezogen / eingeführt	- Barriere für Spermien	- schützt als einzige Methode vor Schwangerschaft und STIs	- anfällig für Anwendungsfehler - wird von vielen Menschen als störend empfunden
Diaphragma	Silikonkappe, die in ihrer Größe von einem*einer Arzt*Ärztin angepasst wurde, wird in die Vagina eingeführt	- Barriere für Spermien	- kann bereits mehrere Stunden vor dem Sex eingeführt werden	- Einlegen muss geübt und überprüft werden - mögliche Nebenwirkungen: vaginale Entzündungen, allergische Reaktionen

ALLGEMEINES ZU HORMONELLER VERHÜTUNG

Lass dich ausführlich von deinem*deiner Arzt*Ärztin beraten. Frage auch nach möglichen Nebenwirkungen und Langzeitfolgen.

Recherchiere selbst ein bisschen oder sprich mit Freund*innen, um einen Eindruck davon zu bekommen, welche Verhütungsmethode zu dir passen könnte.

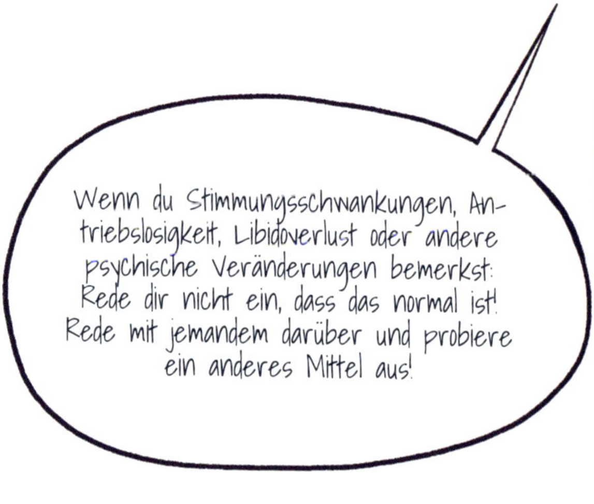

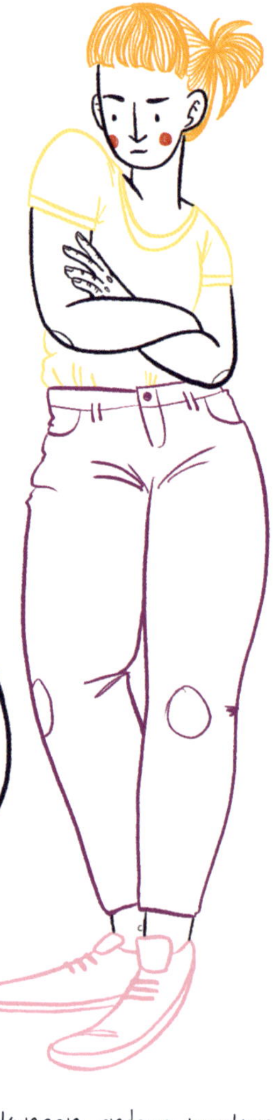

Einige Menschen reagieren mit sehr starken Nebenwirkungen, andere merken gar keine Veränderung, wieder andere erleben erst nach Jahren der Einnahme Nebeneffekte. Jeder Körper ist anders. Mach dir bewusst, dass du grundlegend in deinen Hormonhaushalt eingreifst und das nicht unbedingt eine Kleinigkeit ist.

WIE EIN KONDOM VERWENDET WIRD

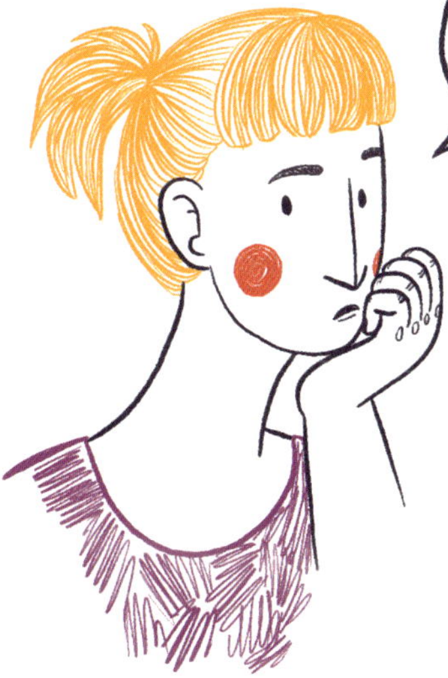

Die falsche Verwendung von Kondomen ist der häufigste Grund dafür, dass sie reißen oder abrutschen.

So geht es richtig:

1. Schau das Ablaufdatum an. Das steht da aus einem Grund! Abgelaufene Kondome reißen schneller. Pass auch auf, wenn das Kondom in deinem Geld- oder Kosmetikbeutel war – dort wurde es vielleicht beschädigt.

2. Reiße die Verpackung an der markierten Stelle entlang des Randes auf. Nicht mit den Zähnen, egal ob du glaubst, dass das sexy aussieht. Damit kannst du das Kondom kaputt machen. Und ein kaputtes Kondom ist dann auch sinnlos.

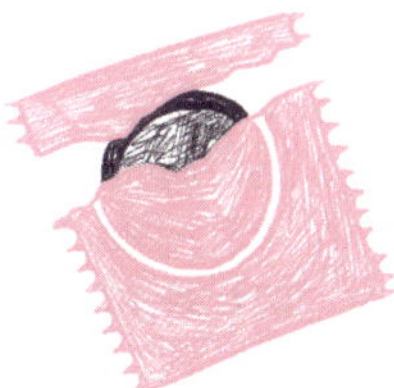

3. Geh sicher, dass das Kondom richtig herum ist. Es sollte wie ein kleiner Hut aussehen und nach außen abrollen.

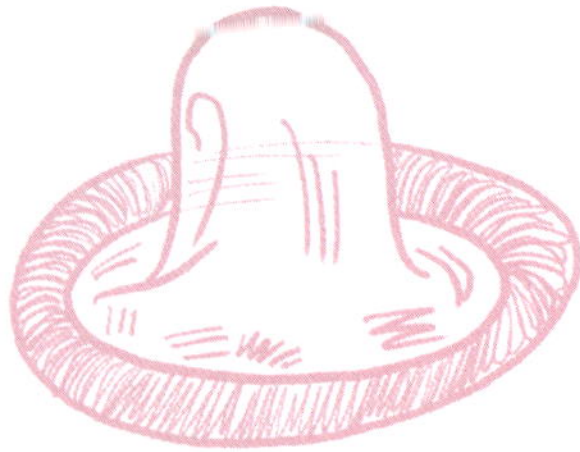

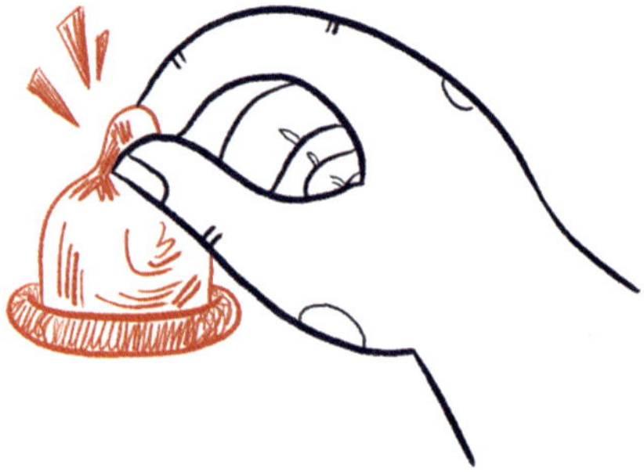

4. Drücke die Spitze des Kondoms zusammen und lege es auf den erregierten Penis. Du musst es oben zusammendrücken, damit Luft draußen bleibt – Luft im Kondom führt dazu, dass es reißt.

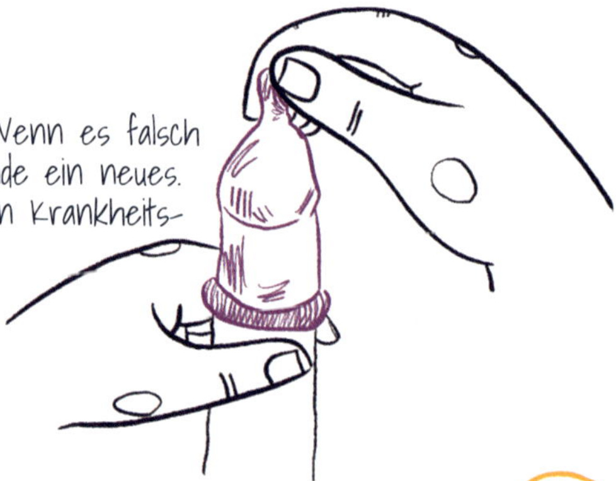

5. Roll das Kondom vollständig ab. Wenn es falsch rum ist, wirf es weg und verwende ein neues. Nicht umdrehen, es könnten schon Krankheitserreger drauf sein.

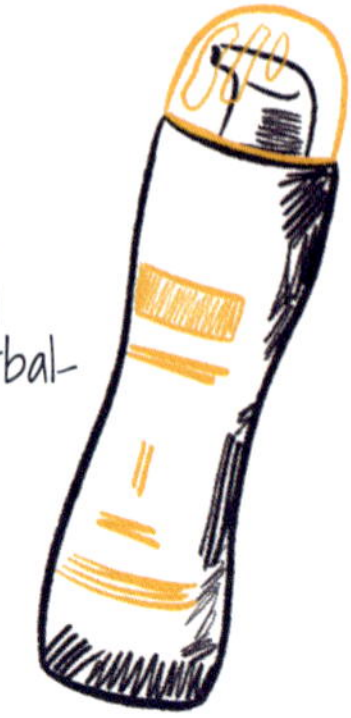

6. Benutze Gleitgel, wenn du willst. Achte darauf, dass es eine Wasser- oder Silikonbasis hat. Wenn dich interessiert, was bei Gleitgel auf Öl-Basis passiert: Puste ein Kondom wie einen Luftballon auf und schmiere Vaseline drüber.

7. Hab Spaß!

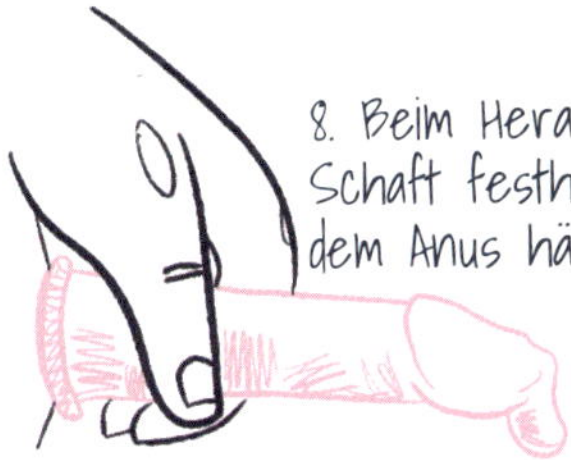

8. Beim Herausziehen vom Penis das Kondom am Schaft festhalten, sodass es nicht in der Vagina/dem Anus hängen bleibt.

9. Kondom abziehen, zusammenknoten und in den Müll werfen.

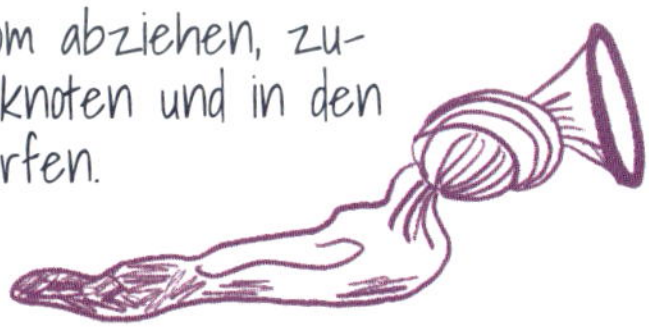

SICHERER ORALVERKEHR

Für Blowjobs gibt es Kondome mit Geschmacksrichtungen. Um dich such beim Oralverkehr mit Vulva oder Anus vor Geschlechtskrankheiten zu schützen gibt es Lecktücher.

Ein Lecktuch ist ein rechteckiges, dünnes Stück Latex, das du über den Bereich legst oder hälst, den du stimulieren möchtest.

In vielen Drogeriemärkten gibt es keine Lecktücher. Du kannst sie aber auch aus einem Kondom selbst machen:

Kondom bis zur Mitte einschneiden

aufrollen

Spitze und Ende abschneiden

auffalten

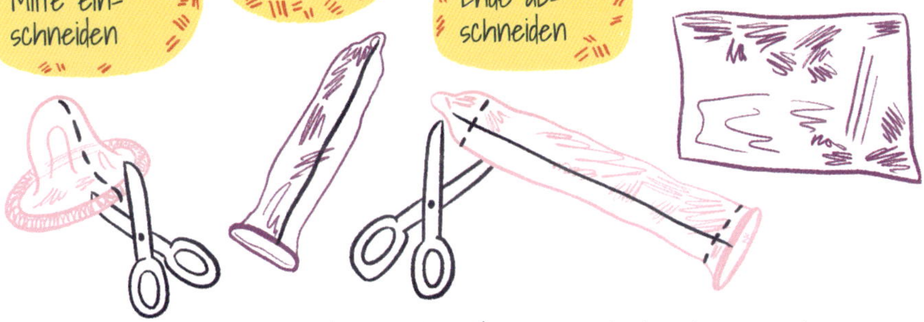

(Nur von einer Seite verwenden, nicht umdrehen, nach Benutzung entsorgen, nicht mehrfach verwenden.)

DIE PILLE DANACH

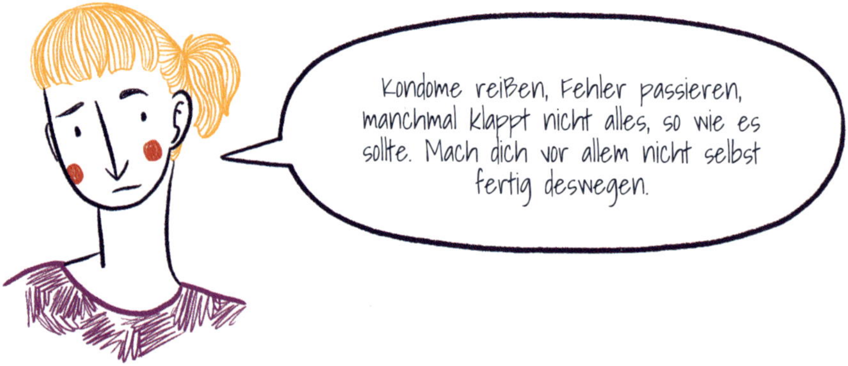

Die Pille danach ist rezeptfrei in der Apotheke erhältlich.

Es handelt sich dabei um ein Notfall-Medikament, nicht um eine Verhütungs-Methode!

Die Pille danach verschiebt den Eisprung nach hinten, sodass eine Befruchtung ausgeschlossen werden kann. Liegt schon eine Schwangerschaft vor oder wurde bereits eine Eizelle befruchtet, ändert die Pille danach daran nichts.

Im Idealfall sollte die Pille in den ersten 12 Stunden nach dem ungeschützten Sex genommen werden, maximal 72 Stunden später. Wenn du dich in den ersten 3 Stunden nach der Einnahme übergibst, musst du eine neue Pille nehmen.

Viele Menschen erleben Nebenwirkungen wie Kopfschmerzen, Übelkeit, Bauchschmerzen, Zwischenblutungen und psychisches Unwohlsein. Sei nach der Einnahme besonders lieb und achtsam mit dir selbst!

BEGEHREN & LUST

Was die Schule dir beibringt:

- Dass du mit Sex warten sollst, bis du bereit dazu bist.
- Wie ein Kondom über eine Gurke passt.
- Was biologisch betrachtet bei einer Befruchtung und Schwangerschaft passiert.
- Vielleicht etwas über HIV und AIDS.

Oder auch: Aufklärungsunterricht sagt meistens nur, dass Sex dazu führt, dass unerwünschte Dinge mit deinem Körper passieren könnten. Dass du Angst vor Sex haben solltest.

Was die Schule dir nicht beibringt: Dass Sex Spaß machen kann. Und das muss doch kein Geheimnis bleiben. Ich kann schließlich auch wissen, dass Fallschirmspringen einigen Personen Spaß macht, ohne es sofort selbst ausprobieren zu müssen. Wir können uns über die Vorteile von etwas bewusst sein – und zugleich darüber, dass wir es selbst nicht tun wollen.

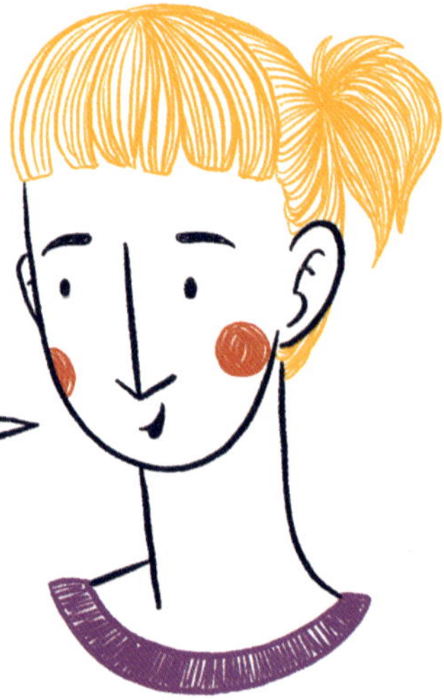

Es gibt Menschen, denen macht Sex Spaß. Und daran ist nichts Schamvolles oder Falsches. Genauso wenig daran, dass es Menschen gibt, für die sich Sex nicht gut anfühlt. Oder nur unter bestimmten Bedingungen gut anfühlen kann. Aber Begehren und Lust zu empfinden ist nichts Schlechtes.

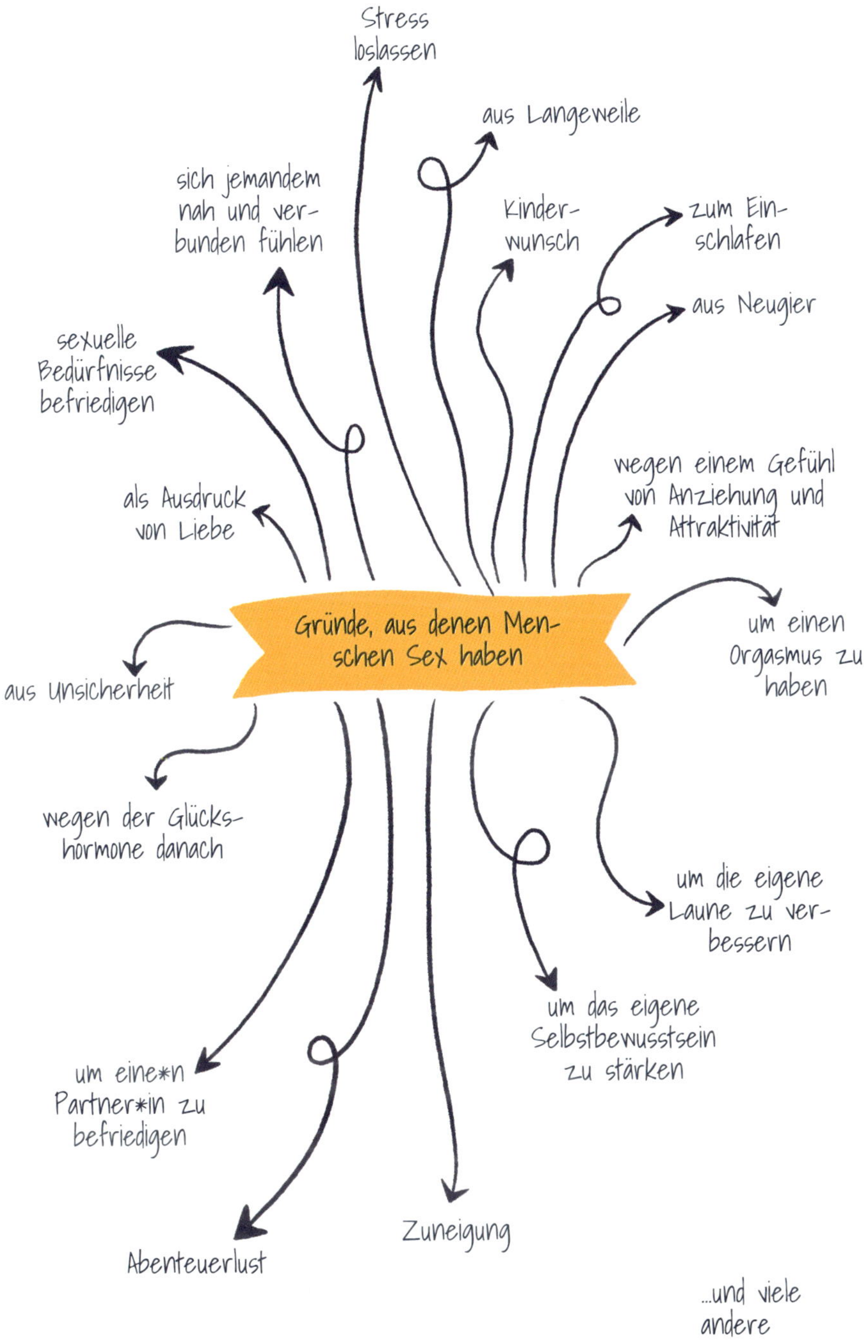
Gründe, aus denen Menschen Sex haben
Stress loslassen
aus Langeweile
sich jemandem nah und verbunden fühlen
Kinderwunsch
zum Einschlafen
aus Neugier
sexuelle Bedürfnisse befriedigen
als Ausdruck von Liebe
wegen einem Gefühl von Anziehung und Attraktivität
um einen Orgasmus zu haben
aus Unsicherheit
wegen der Glückshormone danach
um die eigene Laune zu verbessern
um das eigene Selbstbewusstsein zu stärken
um eine*n Partner*in zu befriedigen
Abenteuerlust
Zuneigung
...und viele andere

ORGASMEN

Ob du einen Orgasmus hast oder nicht, ist kein Ausdruck davon, ob der Sex gut war.

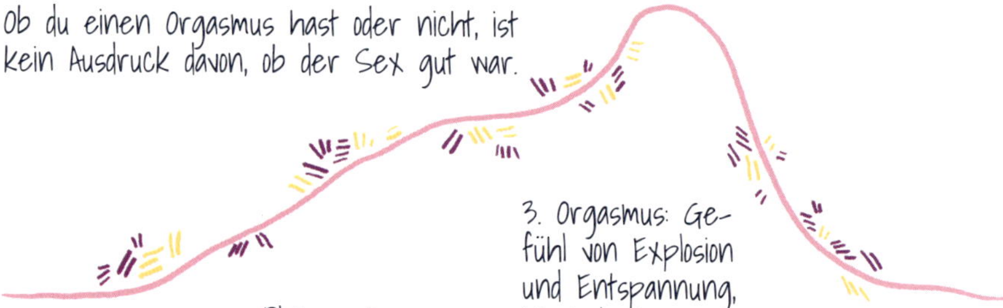

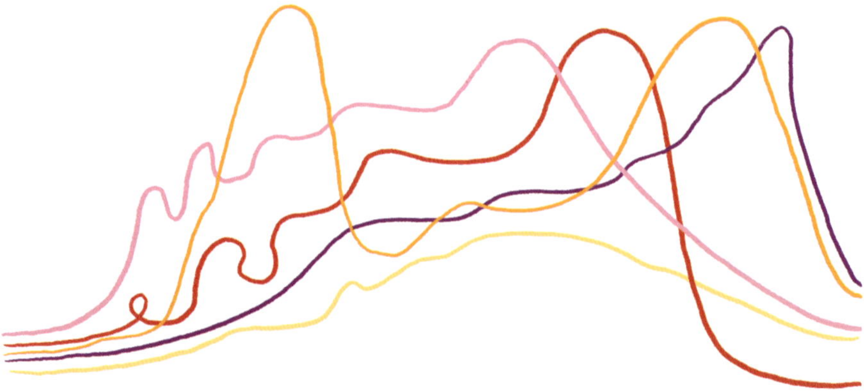

Es gibt so viele Varianten von Orgasmen! Manchmal hast du ewig das Gefühl, gleich zu kommen, und dann passiert es einfach nicht. Manchmal kommst du sofort. Manchmal mehrfach. Erinnere dich daran, dass Sex nicht nur für Orgasmen da ist und alles drum herum ebenfalls Spaß machen darf und soll.

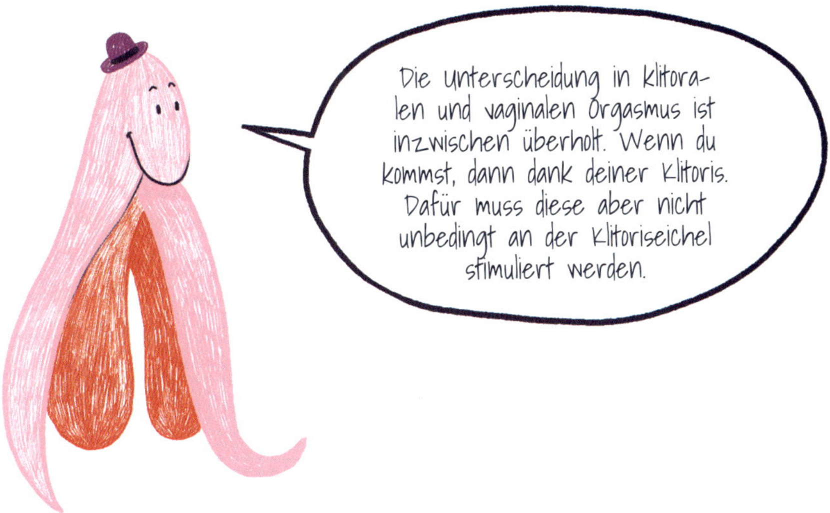

Körper sind verschieden, Orgasmen sind komplex und beispielsweise Alkohol oder auch Hormone können Lustgefühle verändern. Deine Erfahrung wird also vermutlich jedes Mal ein wenig anders sein.

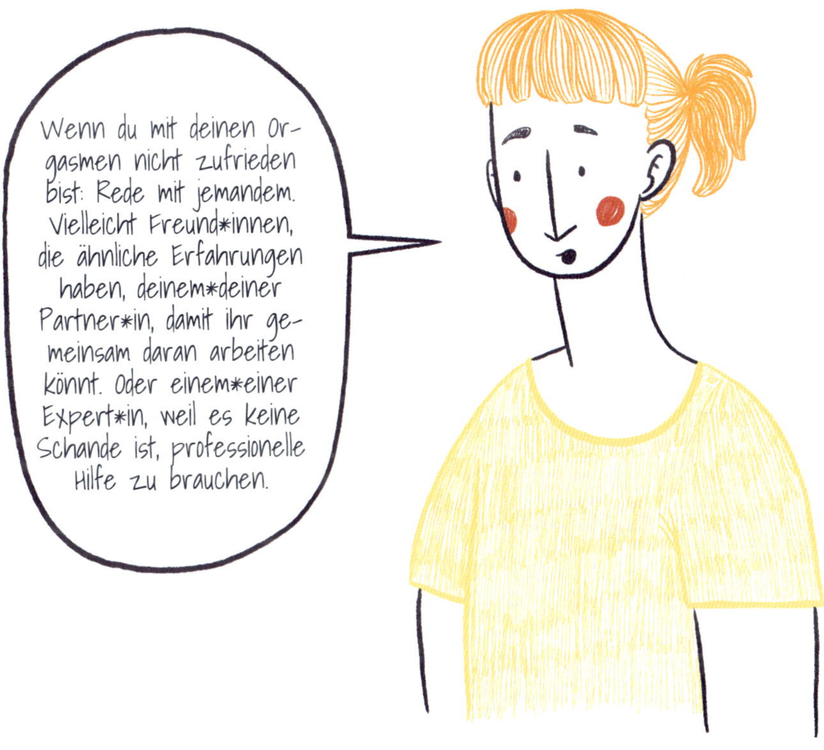

EINEN ORGASMUS VORTÄUSCHEN

Falls du keine Ahnung hast, wie das aussehen kann, wenn eine Person nur so tut als ob – geh jetzt auf YouTube und such nach »vorgetäuschter Orgasmus When Harry Met Sally«.

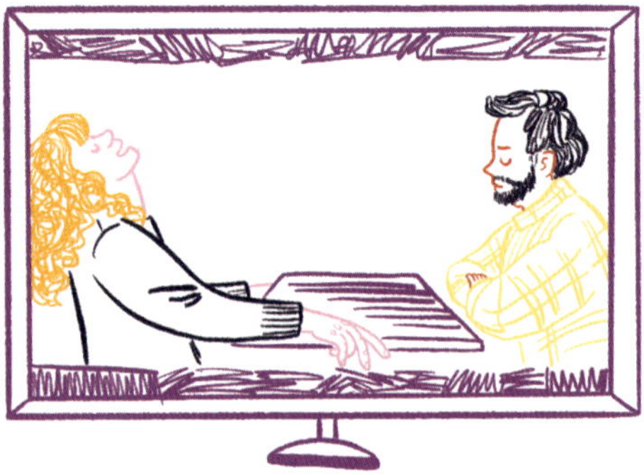

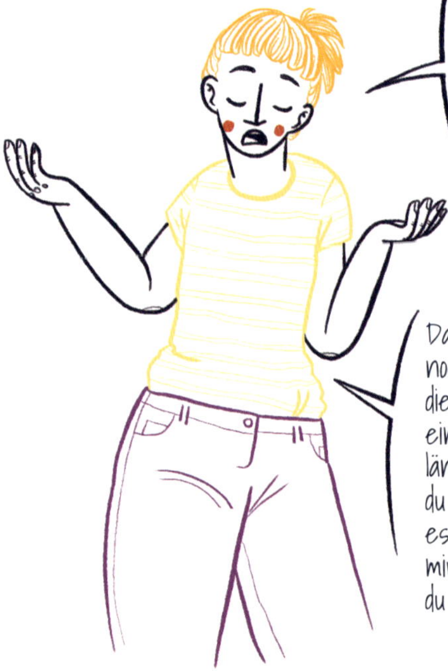

Viele Menschen täuschen vor. Zum Beispiel weil sie müde sind oder wollen, dass der Sex vorbei ist oder keine Lust mehr haben oder die andere Person nicht verletzen wollen oder sich nicht trauen, zu kommunizieren, was sie brauchen, oder...

Das Problem daran ist: Wenn du nochmal mit der Person schläfst, wird diese denken, sie müsste das gleiche einfach nochmal machen. Und umso länger du nichts sagst, umso häufiger du vortäuschst – desto seltsamer wird es dann, irgendwann zu sagen: »Hey, mir wäre es eigentlich lieber, wenn du das anders machst.«

Erinnere dich und andere immer wieder daran: Sex ist nicht zielorientiert. Lust Geben und Erfahren ist auch ohne Orgasmus wertvoll.

WIE SIEHT »ECHTER« SEX AUS?

Pornos und Filme vermitteln ein doch eher unrealistisches Bild von Sex. Vielleicht machst du irgendwann eine filmreife Erfahrung – meistens aber eher doch nicht.

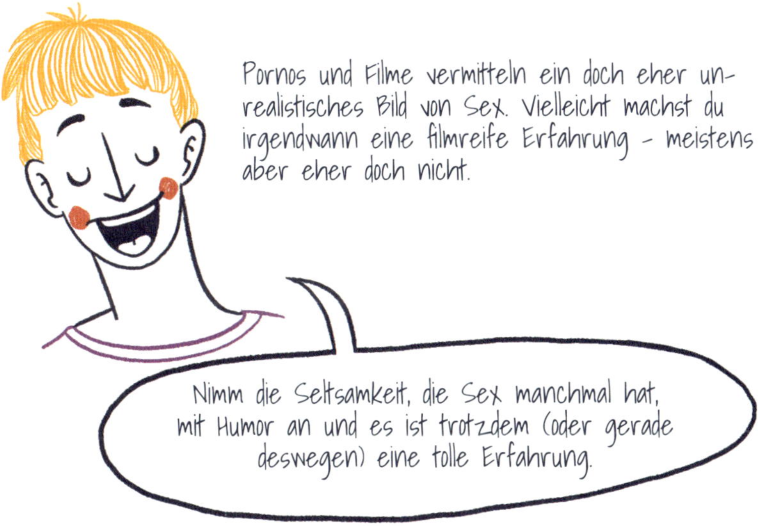

Dinge, mit denen du bei Sex, der nicht für eine Kamera gespielt wurde, rechnen solltest:

1. Sex ist keine trockene Angelegenheit. Gleitgeld, Sperma, vaginale Feuchtigkeit, vielleicht Menstruationsblut, Schweiß. Alles ein bisschen messy.

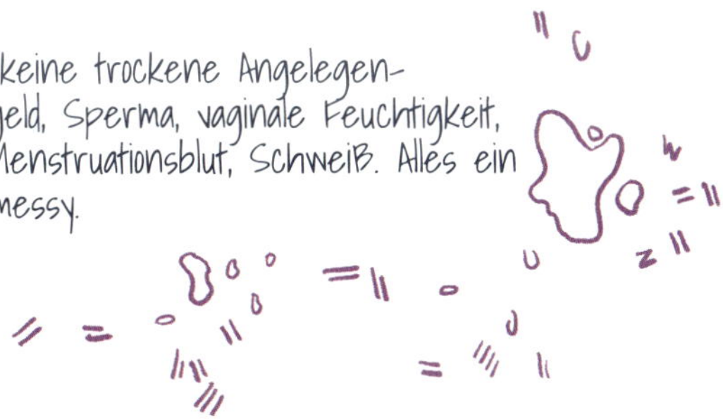

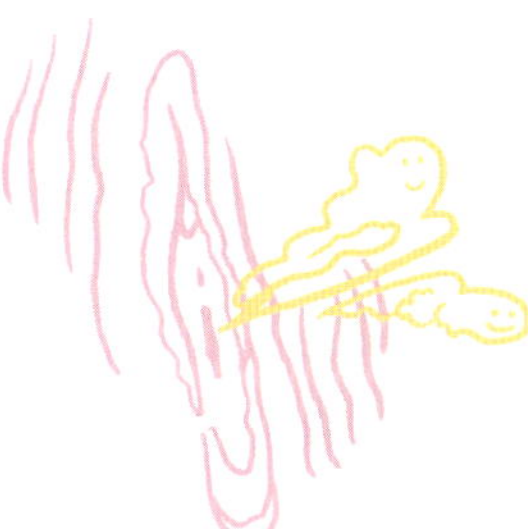

2. Einen fahren lassen. Auch Vaginas furzen. Passiert.

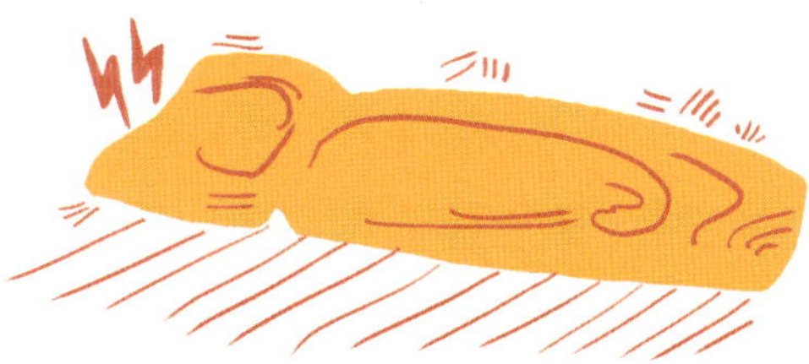

3. Knarzende Betten. Falls das zu nervig wird: Mit Decken und Kissen auf den Boden umziehen.

4. Seltsame Positionen, die so gar nicht funktionieren. Oder eine Weile brauchen, bis eine angenehme Position gefunden wurde.

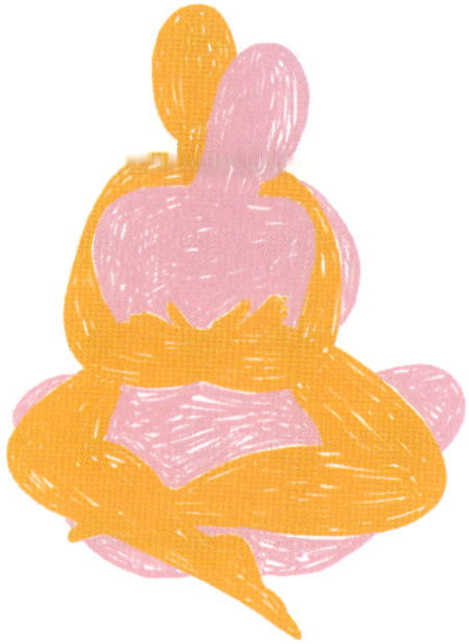

5. Ellbogen und Knie. Sind dauernd im Weg. Krachen vielleicht auch Mal ineinander.

6. Brüste, die aneinander klatschen. (Stell dir vor, sie applaudieren dir.)

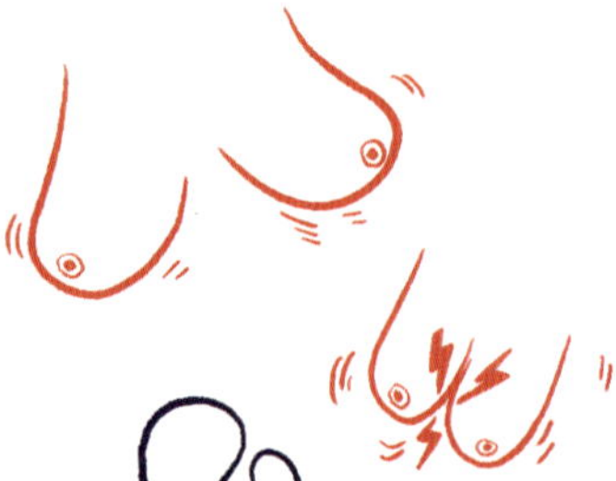

7. Haare. Ausgefallene Haare um Mund oder lange Haare, die dauernd ins Gesicht fallen.

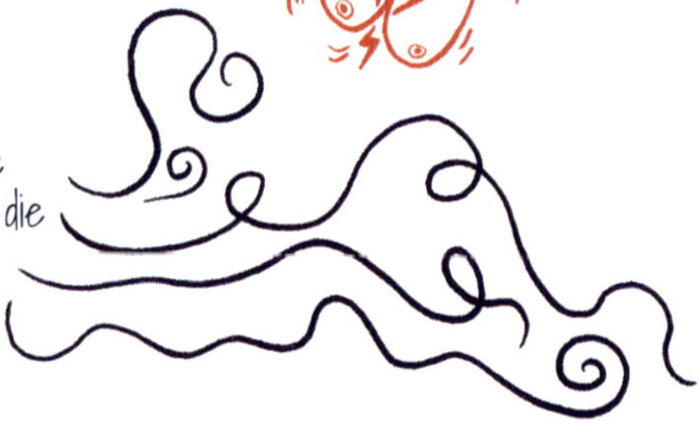

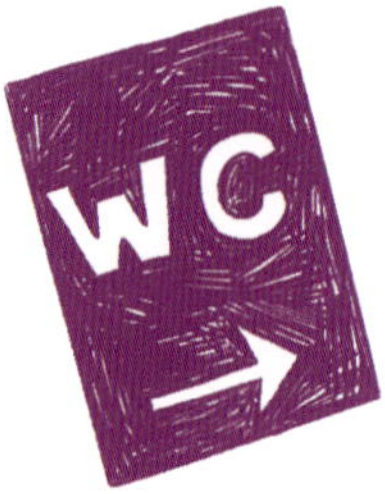

8. Nach dem Sex Pinkeln. Klar wäre Kuscheln schöner. Aber besonders für Menschen mit Vagina ist es wichtig diesem Bedürfnis nachzugehen, damit es zu keiner Harnwegsinfektion kommt.

Sex ist nicht immer »sexy«. Fühlt euch wohl miteinander, lacht zusammen darüber, alles wird gut.

GLEITGEL

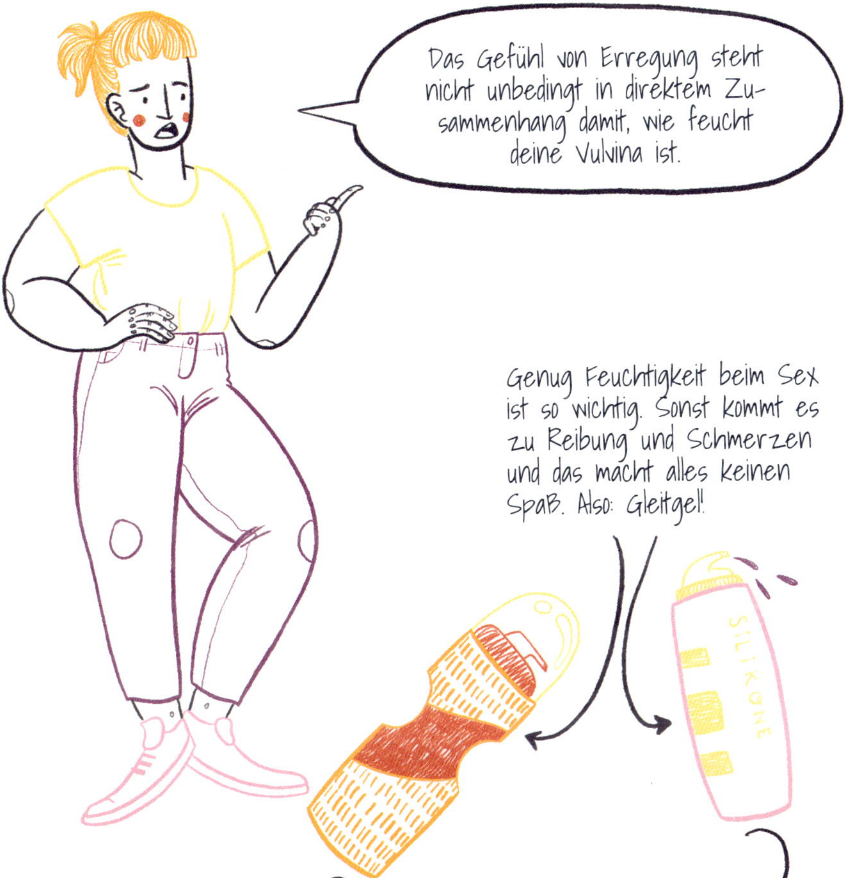

Gleitgel auf Wasser-Basis: Beinhaltet häufig Glycerin, was für empfindliche Haut doof sein kann.

Auf Silikon-Basis: Wird nicht von der Haut absorbiert und hält deswegen länger, kann allerdings Sex-Spielzeug beschädigen.

Benutz nicht einfach irgendein Haushaltsprodukt als Gleitmittel. Vaseline oder Duschgel machen Kondome brüchig. In der Drogerie gibt es jede Menge Auswahl und Alternativen.

DER G-PUNKT

Der G-Punkt liegt etwa 5cm vom Vaginaeingang auf der Vorderwand der Vagina.

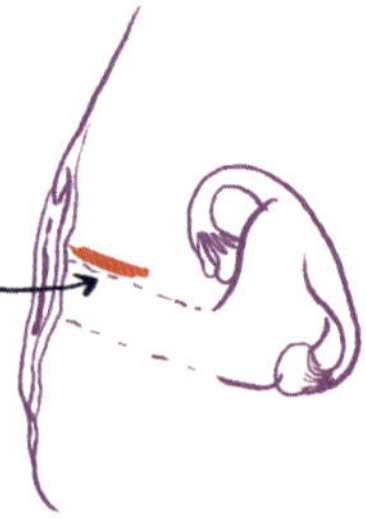

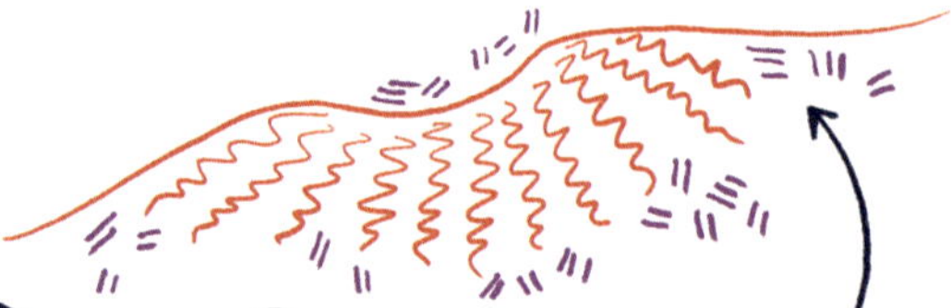

Größe und Form können stark variieren.

Meist fühlt sich das Gewebe gerippt oder hart an.

Durchmesser von etwa 2 cm.

Form einer abgeflachten Halbkugel mit Vertiefung in der Mitte.

Mit einem bestimmten Erregungsgrad schwillt der G-Punkt an und wird zu einer erogenen Zone.

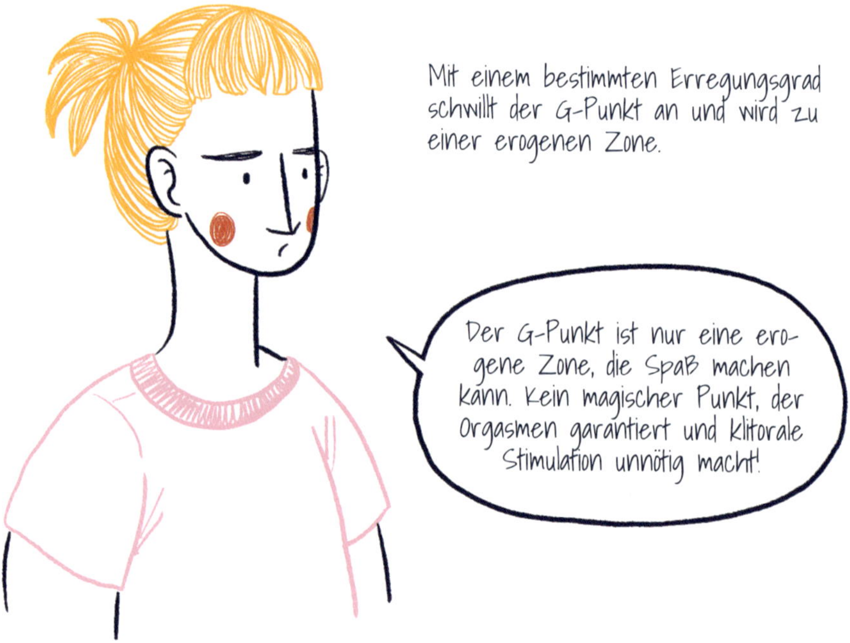

WEIBLICHE EJAKULATION

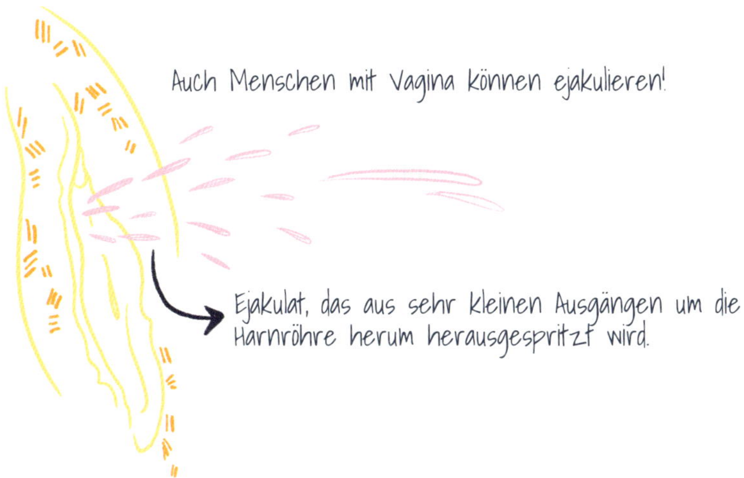

Die genaue Zusammensetzung, der Entstehungsort und Gründe für die Ejakulation sind noch völlig unklar. Aktuell wird der G-Punkt als Ursprungsort vermutet.

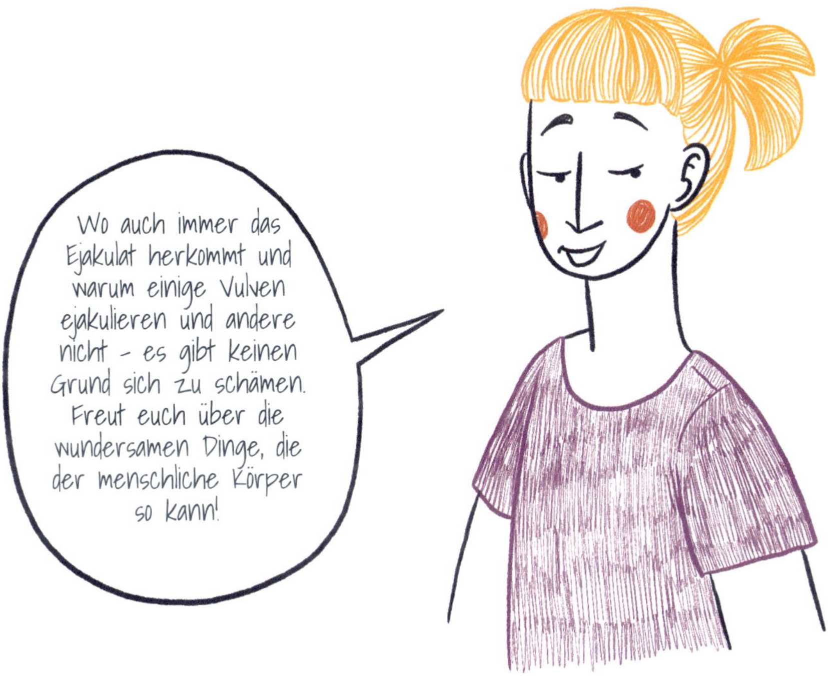

CONSENT

Consent ist das englische Wort für Zustimmung oder Einverständnis.

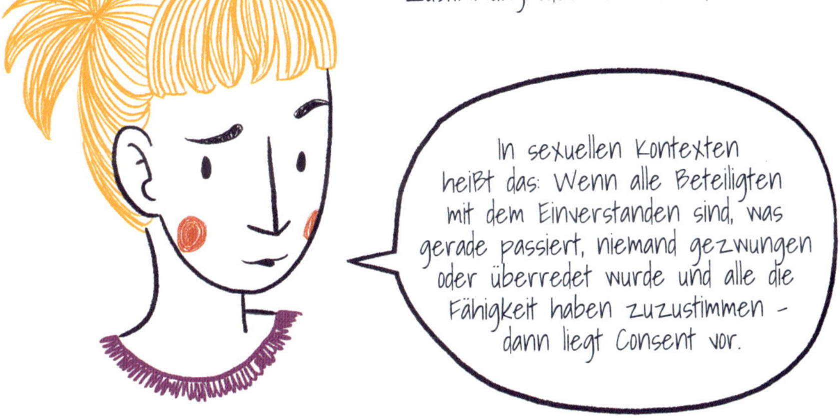

Die Realität ist leider wesentlich komplexer.

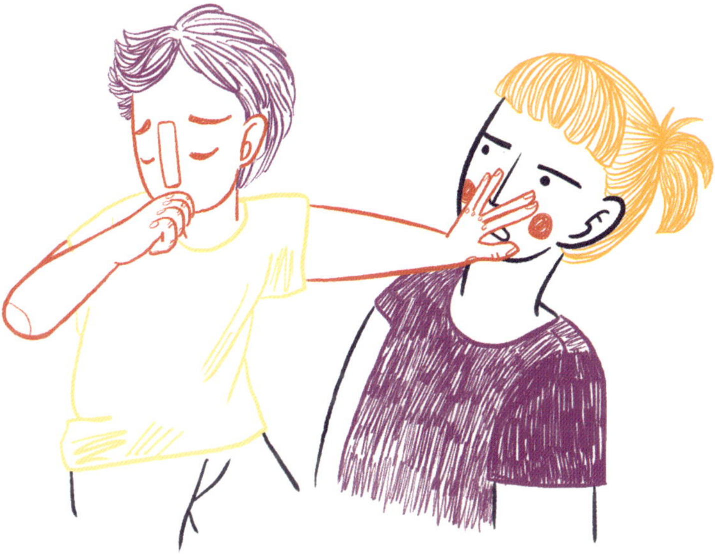

Die größte Schwierigkeit bei Consent ist wohl, dass Sex immer noch ein Thema ist, über das wenig oder nur gehemmt gesprochen wird. Für Consent ist eine offene und ehrliche Kommunikation aber ungefähr das Wichtigste.

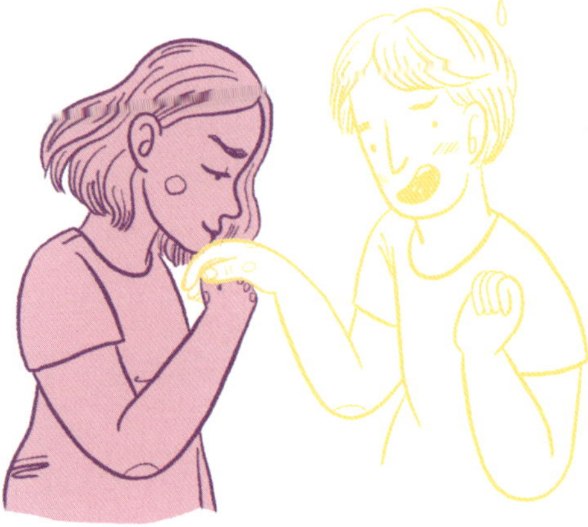

»Nein« oder »Stopp« sagen ist schwierig. Manchmal weiß man nicht wie oder traut sich nicht und macht deswegen einfach mit.

Gleichzeitig ist es wichtig, sich darüber bewusst zu sein, dass Sex ohne Consent kein Sex ist. Es ist Missbrauch oder Vergewaltigung.

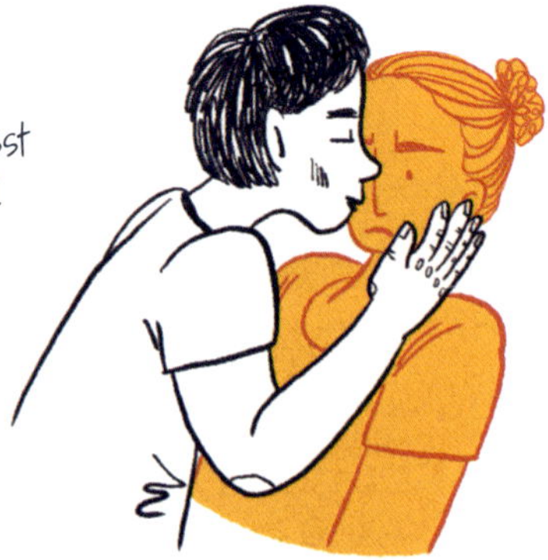

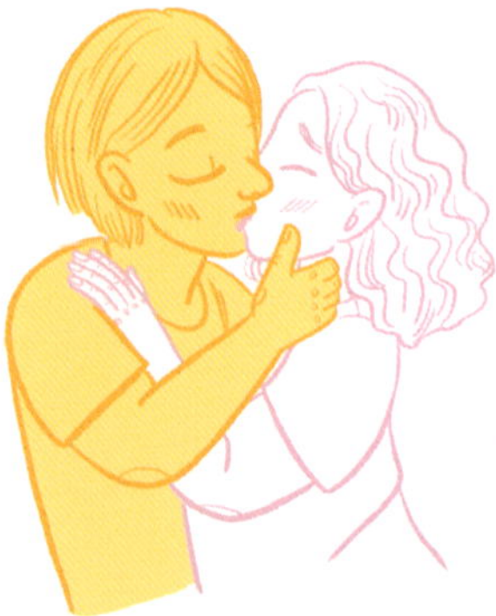

Consent kann auch als freiwilliges und enthusiastisches »Ja!« betrachtet werden.

Dieses »Ja!« kann verbal oder nonverbal gegeben werden.

Consent kann für einige Dinge gelten – aber damit nicht gleichzeitig für andere.

und Consent kann jederzeit zurückgenommen werden.

NEIN HEISST NEIN

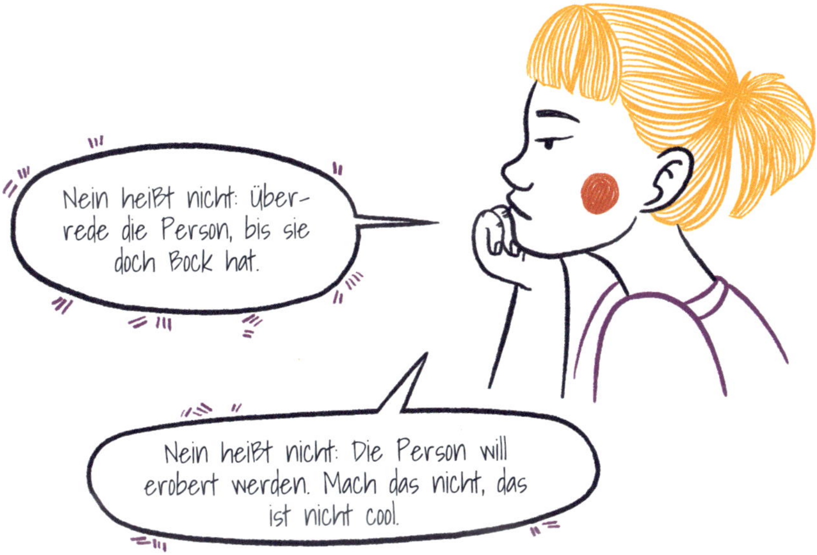

Manchmal kommt ein Nein nicht in dieser Form. Andere Formen Nein zu sagen sind zum Beispiel:

- »Ich habe keine Lust.«
- »Nicht jetzt.«
- »Ich bin mir nicht sicher.«
- »Ich fühle mich nicht gut.«
- »Ich weiß es nicht (genau).«

Auch Stille kann eine Form von Nein sein.

Die Abwesenheit eines verbalen Neins ist nicht gleich ein »Ja«. Menschen unter Stress können »einfrieren«. Wenn dein*e Partner*in still ist, nicht mit dir interagiert und mehr geschehen lässt, als selbst zu handeln – frag nach, ob alles okay ist.

Statt einfach weiterzumachen, bis du ein »Nein« hörst - achte auf ein »Ja«. Das kann zum Beispiel auch so klingen:

- »Das fühlt sich gut an!«
- »Ich mag, was du da machst!«
- »Ja, bitte!«
- »Ich habe Lust auf dich!«
- »Fass mich hier an!«
- »Mach weiter!«
- »Genau da!«
- »Ich möchte mit dir schlafen!«

Du solltest niemals einfach davon ausgehen, dass du Consent der anderen Person hast.

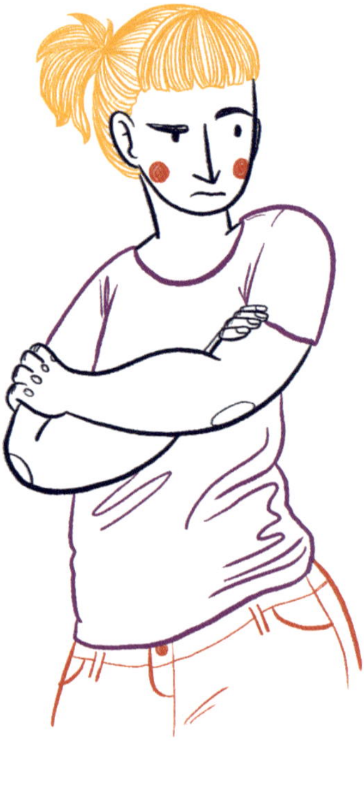

Vor allem nicht aus diesen Gründen:

- Weil die Person das schonmal gemacht hat.
- Weil die Person bereits mit anderen Menschen Sex hatte.
- Weil ihr in einer Beziehung seid.
- Weil die Person zu etwas anderem »Ja« gesagt hat.

Hin und wieder höre ich, dass Consent unsexy sei und die Spannung oder Erotik nehmen würde.

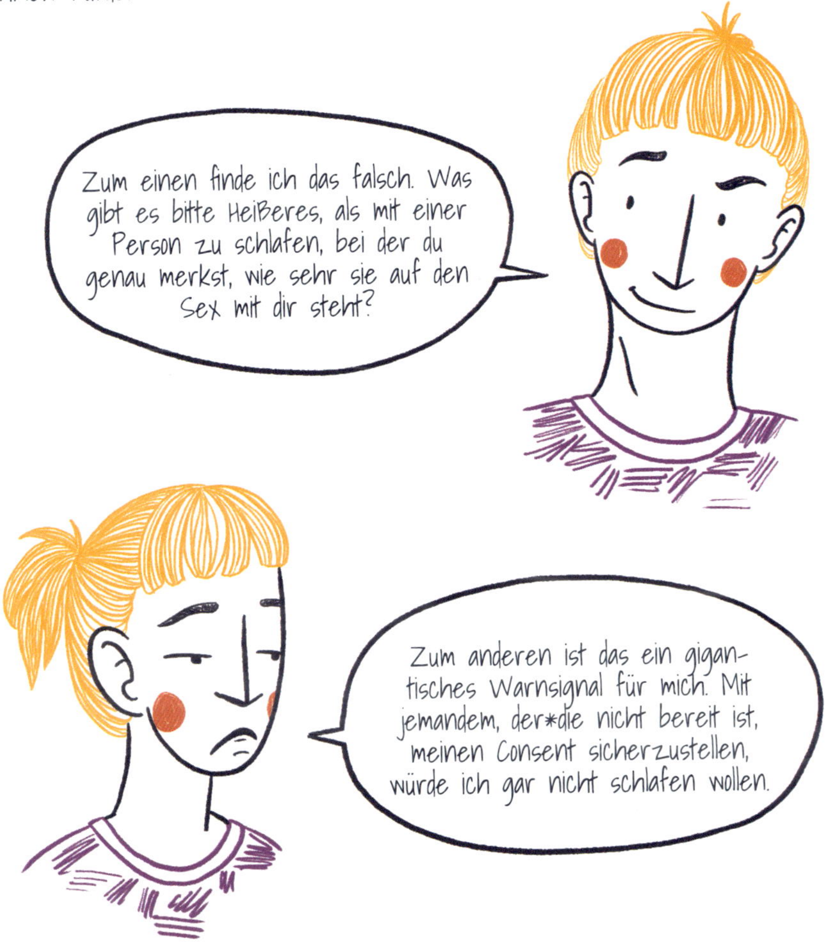

Consent sollte Teil unserer Kultur werden, sodass jede sexuelle Begegnung positiv und gesund und schön und bereichernd sein kann!

NACH CONSENT FRAGEN

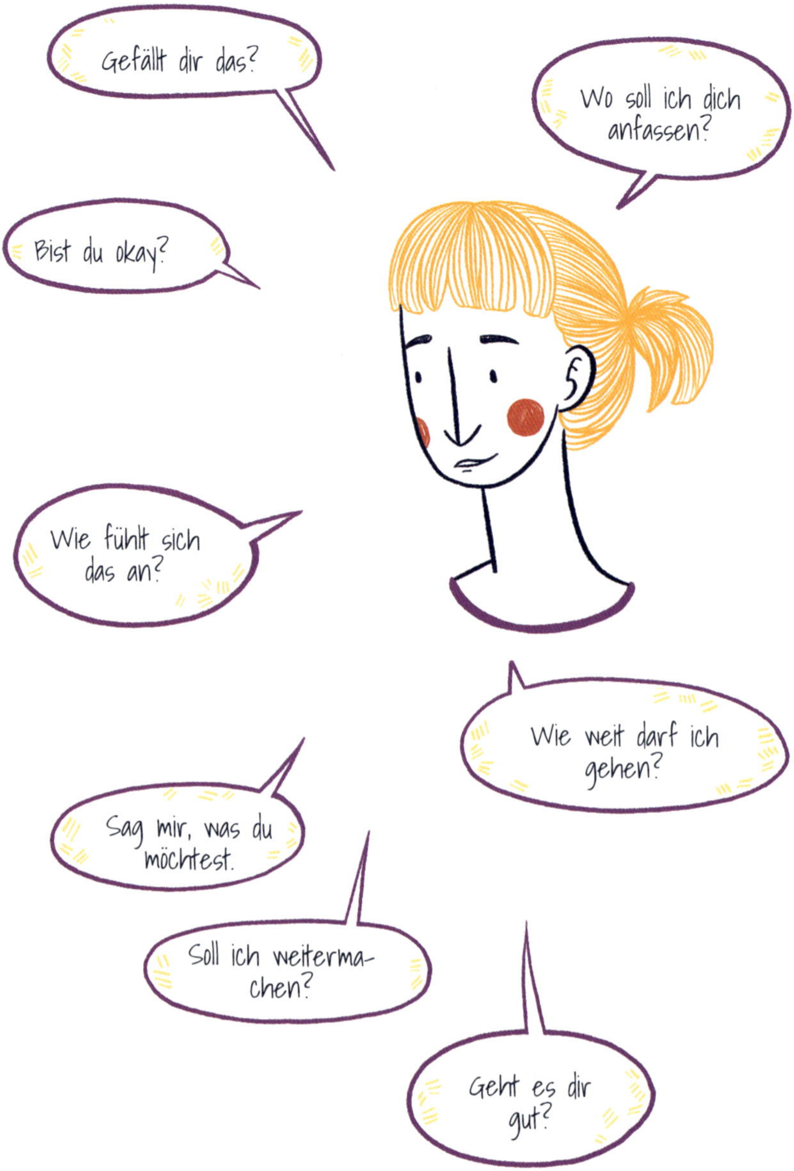

WANN KEIN CONSENT MÖGLICH IST

Es gibt Situationen, in denen zwar jemand »Ja!« sagt – die Person aber nicht vollständig Consent geben kann:

1. Wenn die Person unter dem Schutzalter ist. In Deutschland liegt das bei 14 Jahren, alle sexuellen Handlungen mit jüngeren Personen gelten als Kindesmissbrauch. Zu diesem Gesetz gibt es Ausnahmen, unter denen das Schutzalter bei 16 oder 18 liegt, die findest du mit einer einfachen Google-Suche.

2. Wenn die Person betrunken, bekifft oder drauf ist. Ja, viele Menschen schlafen dann miteinander. Aber wenn jemand nicht mehr geradeaus laufen kann, lallend spricht, sich übergeben muss, nicht aufstehen kann oder immer wieder einschläft – dann solltest du für diese Person da sein, nicht ihren Zustand ausnutzen.

3. Wenn es ein eindeutiges Machtverhältnis gibt. Beispielsweise mit Lehrkräften, Therapeut*innen oder auch berühmten Personen, die du bewunderst. Machtverhältnisse sind immer mit Unsicherheiten und Angriffsflächen verbunden, die jemand schnell ausnutzen kann.

SEX & ALKOHOL

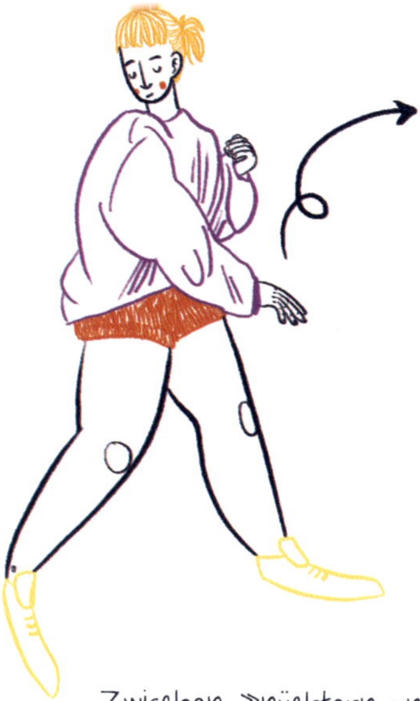

Partys sind oft ein Ort, an dem viel sexuelle Spannung in der Luft liegt. Miteinander zu schlafen, wenn man angetrunken ist, kann auch super schön sein: Alkohol macht mutig und selbstbewusst und flirty.

Zwischen »nüchtern und kann eindeutig Consent geben« und dem anderen Extrem »stockbesoffen und eindeutig nicht in der Lage Consent zu geben« ist eine große Grauzone.

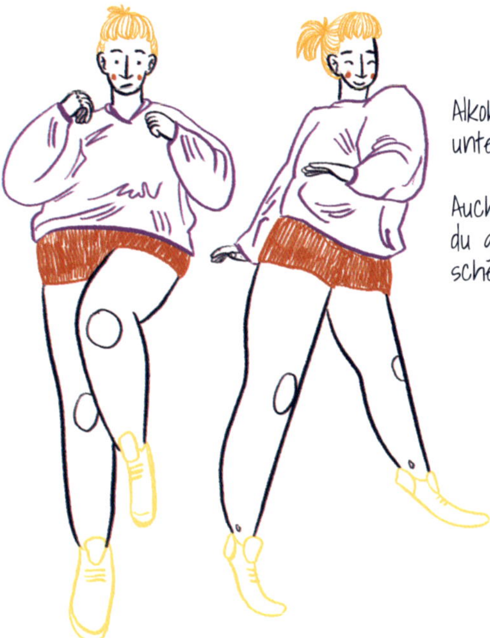

Alkohol beeinflusst alle Menschen unterschiedlich.

Auch in Abhängigkeit davon, wie du gegessen hast und zwischendurch Wasser trinkst.

Unter Alkoholeinfluss wird die Stimmung schnell erotisch, Menschen werden offener und herzlicher. Vielleicht bekommst du den Mut jemanden anzusprechen oder ehrlich zu sagen, was du willst. Alkohol macht entspannter und weniger gestresst darüber, was die andere Person vielleicht von dir denken könnte.

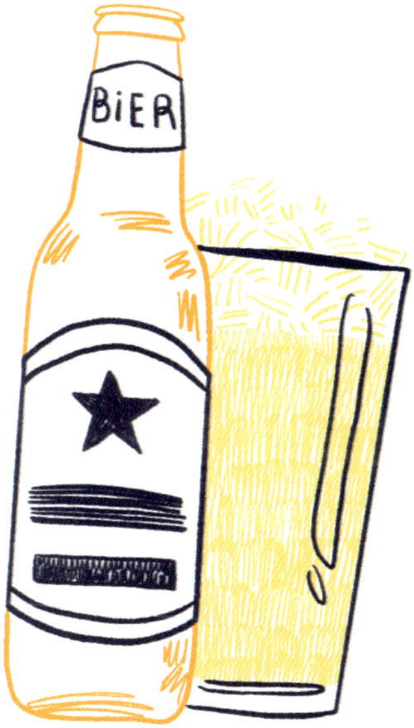

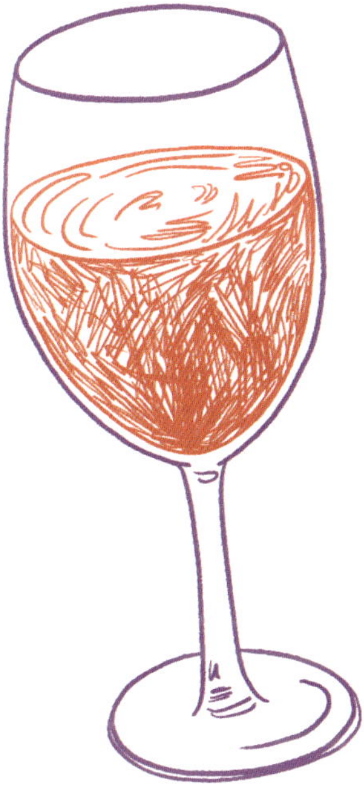

Aber Alkohol ist auch ein Depressivum. Das heißt die Botschaften zu anderen Teilen deines Körpers werden verlangsamt, deine Reflexe werden entschleunigt und Körperfunktionen eingeschränkt. Einen Orgasmus zu bekommen kann schwieriger sein, genauso wie feucht zu werden. Manchmal fühlt man sich durch Alkohol zu Personen hingezogen, die man nüchtern nicht so attraktiv findet.

Es spricht gar nichts gegen sexuelle Begegnungen unter Alkoholeinfluss – so lange sich alle Beteiligten über den Einfluss bewusst sind, den der Alkohol da gerade hat, und achtsam mit sich selbst und anderen umgehen.

VERGEWALTIGUNG

Mythos: Vergewaltigungen passieren nachts in dunklen Ecken, deswegen hilft es gegen sexualisierte Gewalt, nicht alleine nach Hause zu laufen.

Realität: Nur etwa 10% der Täter*innen sind Fremde. Meistens erleben Menschen sexualisierte Gewalt durch jemanden, den*die sie bereits kennen und in einem Umfeld, in dem sie sich eigentlich sicher fühlen.

Mythos: Nur junge, normschöne weiblich gelesene Personen, die tiefe Ausschnitte mit kurzen Röcken tragen und viel flirten, werden vergewaltigt.

Realität: Menschen aus allen Altersgruppen, mit allen Körperformen und verschiedenen Geschlechtsidentitäten und sexuellen Orientierungen werden vergewaltigt. Niemand fordert durch sein*ihr Aussehen eine Vergewaltigung heraus, niemand bittet mit einem Flirt um sexualisierte Gewalt. Das Aussehen einer Person führt nie dazu, dass diese mehr oder weniger schuldig ist an der Tat. Die Verantwortung liegt allein bei dem*der Täter*in – nicht im Auftreten der Betroffenen.

Mythos: Wenn jemand »Nein« sagt, will die Person erobert werden oder gibt vor, schwer zu kriegen zu sein.

Realität: Ein »Nein« solltest du immer annehmen. »Nein« kann zu jedem Zeitpunkt gesagt werden, auch wenn ihr schon nackt im Bett liegt. Höre zu und nimm ein "Nein" als solches ernst.

Mythos: Wenn ich schonmal mit einer Person geschlafen habe, dann brauche ich ihren Consent nicht noch einmal.

Realität: Ob ihr schonmal Sex hattet oder nicht ist so egal. Du brauchst den Consent deines*deiner Partners*Partnerin – jedes einzelne Mal.

Mythos: Alkohol und Drogen führen zu Vergewaltigungen.

Realität: Alkohol-/Drogeneinfluss macht Menschen nicht plötzlich zu Vergewaltiger*innen und rechtfertigt oder entschuldigt deren Taten nicht. Genauso ist eine betroffene Person nicht »selbst schuld«, weil er*sie unter Alkohol- oder Drogeneinfluss stand.

Mythos: Es ist nur eine Vergewaltigung, wenn physische Gewalt genutzt wurde und danach Verletzungen sichtbar sind.

Realität: Vergewaltigungen passieren auch unter dem Einfluss von psychischer Gewalt oder Waffen, sodass sich die betroffene Person nicht wehrt. Oder in Situationen, in denen sie sich gar nicht wehren kann, zum Beispiel weil sie betrunken oder bewusstlos ist. Einige Personen reagieren auf das Erleben von Gewalt mit Schock und können sich deswegen nicht wehren. Die Abwesenheit von physischen Verletzungen bedeutet nicht, dass sich jemand eine Tat ausdenkt.

Mythos: Männer mit bestimmten sozialen oder ethnischen Hintergründen sind eher Vergewaltiger.

Realität: Es gibt nicht den einen »typischen Vergewaltiger«. Sexualisierte Gewalt kann von Menschen aus allen sozialen Gruppen mit verschiedenen Geschlechtsidentiäten ausgeübt werden.

Mythos: Männer können nicht anders, wenn sie einmal erregt sind, dann müssen sie dem nachgehen.

Realität: Männer sind keine triebgesteuerten Tiere und können sich ganz gut selbst kontrollieren. Eine Vergewaltigung ist keine Befriedigung von Lust, sondern eine gewaltvolle Straftat.

Mythos: Menschen lügen darüber, vergewaltigt worden zu sein, weil sie sich an jemandem rächen wollen oder bereuen mit jemandem geschlafen zu haben.

Realität: Ja, das passiert – aber nur selten. Die Berichterstattung über solche Fälle ist unproportional größer als die mediale Aufmerksamkeit für Vergewaltigungen, die stattgefunden haben. Die Dunkelziffer ist hoch – viele Betroffene geben an, keine Anzeige aufzugeben, weil sie Angst davor haben, dass ihnen nicht geglaubt wird.

Mythos: Menschen, die in ihrer Kindheit Missbrauch erlebt haben, werden selbst ebenfalls zu Täter*innen.

Realität: Traumatische Erlebnisse rechtfertigen keine Gewalttaten. Und so ein Mythos macht es Betroffenen von Kindesmissbrauch (von denen die meisten keine Vergewaltiger*innen werden!) nicht leichter, ihre eigenen Erfahrungen zu verarbeiten.

Mythos: Männer werden nicht vergewaltigt und Frauen können nicht vergewaltigen.

Realität: Menschen aller Geschlechtsidentitäten können vergewaltigt werden. Zwar wird in einer großen Mehrheit der Fälle die Tat von einem Mann ausgeübt, aber Frauen können genauso Täterinnen sein. Und die psychischen Auswirkungen für betroffene Männer sind genauso ernst zu nehmen.

Wenn du sexualisierte Gewalt erlebt hast: Es war nicht deine Schuld. Du bist nicht allein.

Ganz hinten in diesem Buch findest du Ressourcen und Orte, wo du Unterstützung findest.

SEX SHAMING

ÜBER SCHLAMPEN

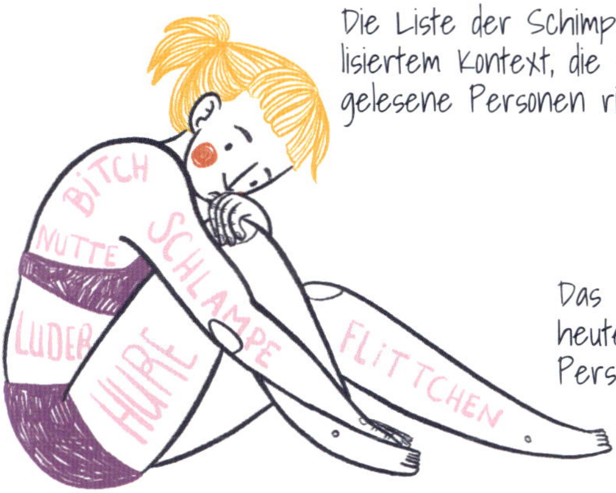

Die Liste der Schimpfwörter mit sexualisiertem Kontext, die sich gegen weiblich gelesene Personen richten, ist lang.

Das Seltsame daran: ich habe bis heute nicht verstanden, was eine Person zu einer Schlampe macht.

Schlampen sind weiblich gelesene Personen, die viel Sex haben!

Okay. Und wie viel ist viel? Wo hört »erfahren« oder »experimentierfreudig« auf und fängt »schlampig« an? Für verschiedene Menschen ist verschieden viel Sex »viel«. Wie wäre es, wenn wir alle selbst entscheiden lassen, wie oft sie mit wem schlafen möchten? Und was haben wir eigentlich gegen »viel«?

Statistisch betrachtet haben übrigens Menschen in monogamen Beziehungen mehr Sex als solche mit wechselnden Sexualpartner*innen. Sind das dann auch Schlampen?

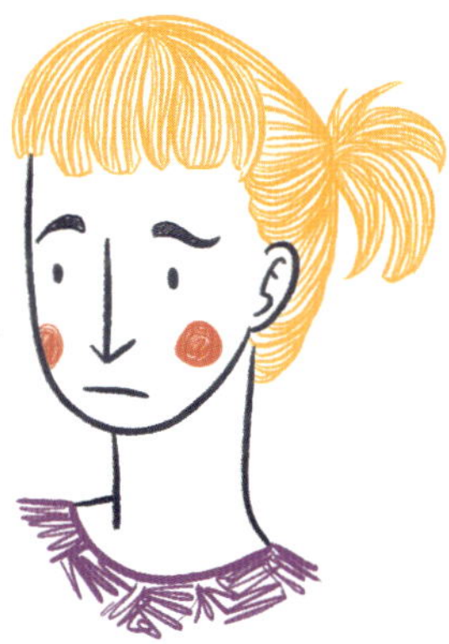

Schlampen sind weiblich gelesene Personen, die sich freizügig kleiden!

Mit wie vielen Personen jemand Sex hat und wie sich der Mensch kleidet, steht in keinem Zusammenhang miteinander. Zudem sollten sich doch alle Menschen so kleiden können, wie sie sich selbst wohlfühlen. Als weiblich gelesene Menschen können anziehen, was auch immer die wollen und sagen damit nichts als: »Das ist, wie ich heute aussehen wollte.«

Schlampen sind weiblich gelesene Personen, die flirten und dich anmachen und dann nicht mit dir schlafen wollen!

Wenn eine weiblich gelesene Person wechselnde Sexualpartner*innen hat, ist sie eine Schlampe – und wenn nicht, genauso? Es gibt Personen, die mit »vielen« Menschen schlafen und trotzdem nicht mit dir. Und Personen, die mit »wenigen« Menschen schlafen, aber mit dir. Und Personen, die mit niemandem schlafen. Und keines dieser oder andere Szenarien macht sie zu Schlampen.

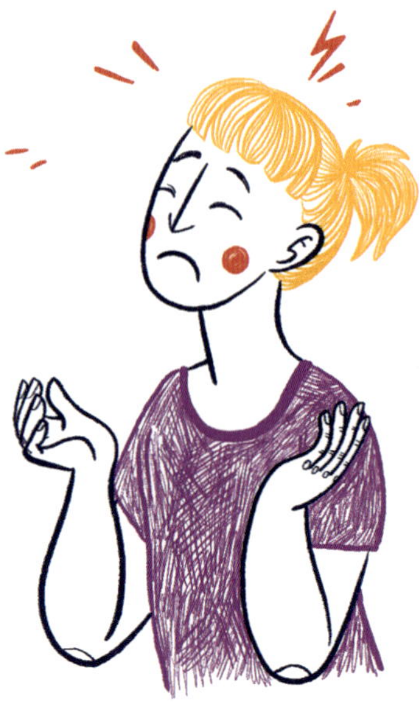

Schlampen sind weiblich gelesene Personen, die lügen und betrügen!

Weiblich gelesene Personen, die lügen und betrügen, sind genau das: Menschen, die lügen und betrügen. Vielleicht weil sie gemeine oder manipulative Personen sind. Oder weil sie gerade etwas durchmachen oder keine anderen Handlungsstrategien für sich wissen. Vielleicht solltet ihr darüber sprechen und das klären. Eine Schlampe und eine Lügnerin sind jedenfalls verschiedene Dinge.

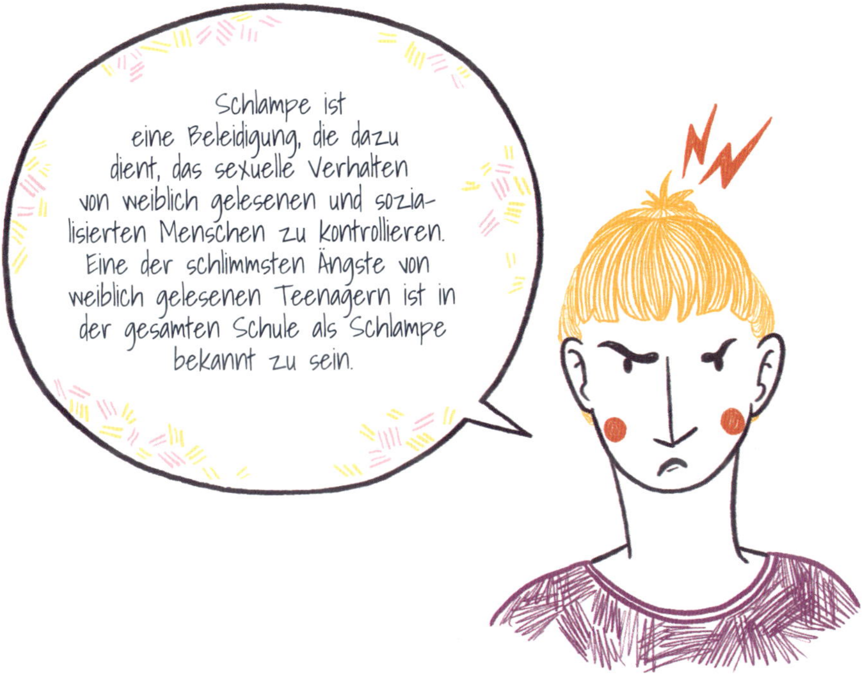

Mich nervt am meisten der miese Doppelstandard: Männlich gelesene Personen, die mit »vielen« weiblich gelesenen Menschen schlafen, werden als geile Stecher und Frauenhelden bezeichnet - während eine weiblich gelesene Person nur Abwertung für das gleiche Verhalten erfährt.

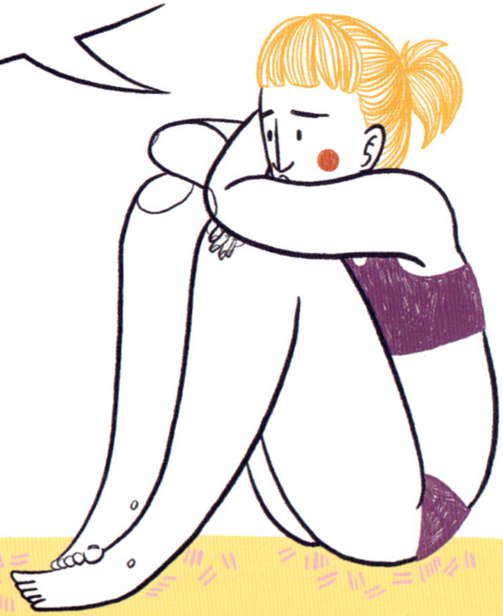

Wenn wir uns gegenseitig als Schlampen und Huren bezeichnen, wie können wir irgendwem glaubhaft vermitteln, dass wir so nicht genannt werden sollten? Also bitte: Lasst uns mal aufhören, andere weiblich gelesene Menschen schlechtzureden. und lasst uns das nächste Mal, wenn jemand Schlampe sagt, erwidern: »Das ist keine Schlampe. Das ist ein Mensch, der selbstbestimmt mit dem eigenen Körper und Sexleben umgeht, ohne deine Meinung dazu zu brauchen.«

PRÜDE SEIN

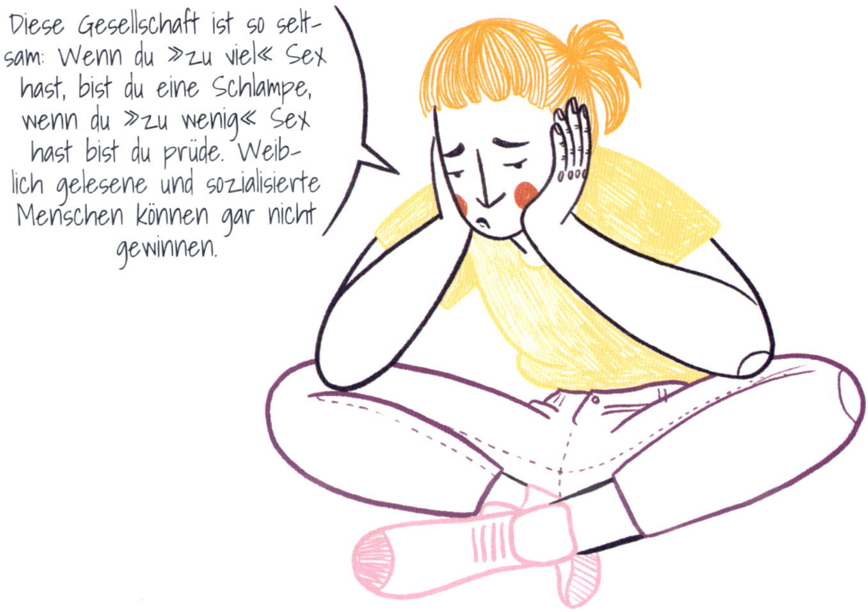
Diese Gesellschaft ist so seltsam: Wenn du »zu viel« Sex hast, bist du eine Schlampe, wenn du »zu wenig« Sex hast bist du prüde. Weiblich gelesene und sozialisierte Menschen können gar nicht gewinnen.

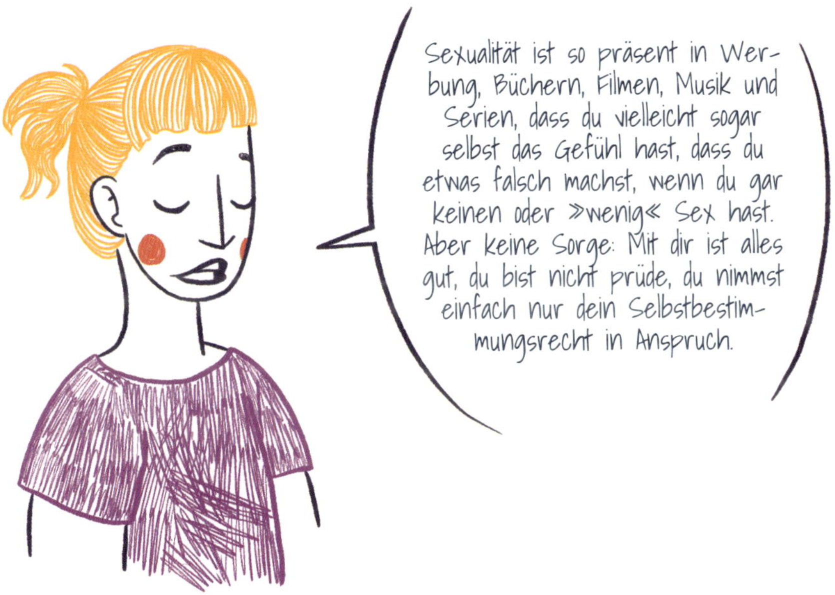
Sexualität ist so präsent in Werbung, Büchern, Filmen, Musik und Serien, dass du vielleicht sogar selbst das Gefühl hast, dass du etwas falsch machst, wenn du gar keinen oder »wenig« Sex hast. Aber keine Sorge: Mit dir ist alles gut, du bist nicht prüde, du nimmst einfach nur dein Selbstbestimmungsrecht in Anspruch.

Sexuelle Freiheit bedeutet auch, sich dazu entscheiden zu können, gar keinen Sex zu haben. Oder nur in stabilen, monogamen Beziehungen. Oder unter anderen Bedingungen, in denen du dich wohlfühlst.

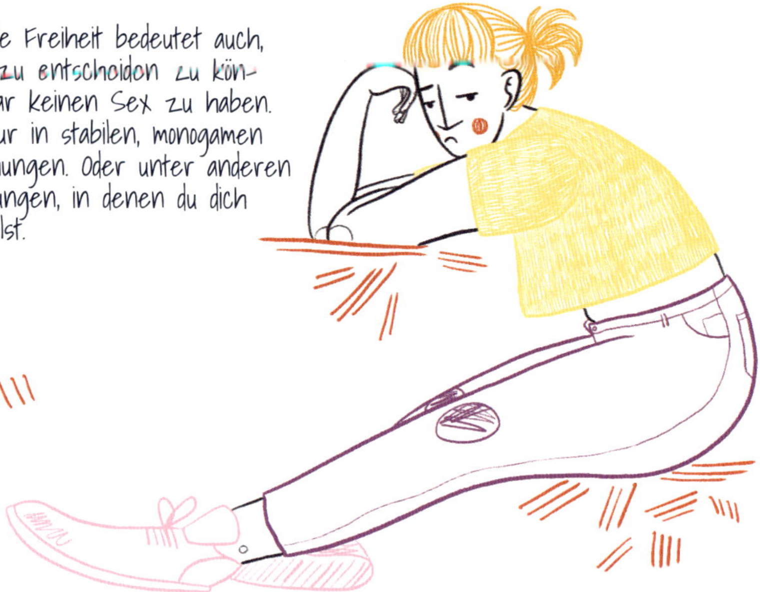

Prüde ist auch nur ein Wort, das Menschen verletzen soll, die sich auf einer sexuellen Ebene nicht so verhalten, wie es als Norm konstruiert wurde.

Es gibt kein richtiges und falsches Sexleben. Nur das, welches für dich gut ist und zu dir passt.

»DU BIST VERRÜCKT!«

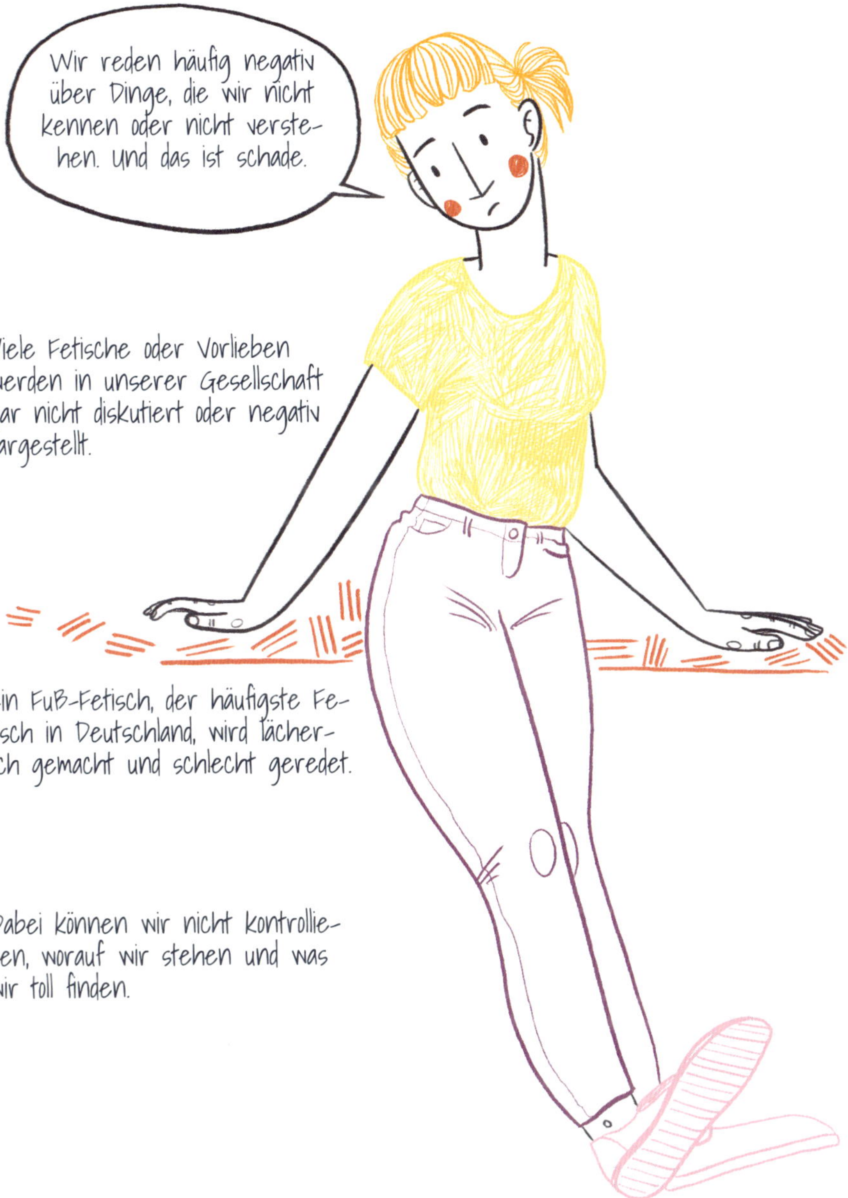

Viele Fetische oder Vorlieben werden in unserer Gesellschaft gar nicht diskutiert oder negativ dargestellt.

Ein Fuß-Fetisch, der häufigste Fetisch in Deutschland, wird lächerlich gemacht und schlecht geredet.

Dabei können wir nicht kontrollieren, worauf wir stehen und was wir toll finden.

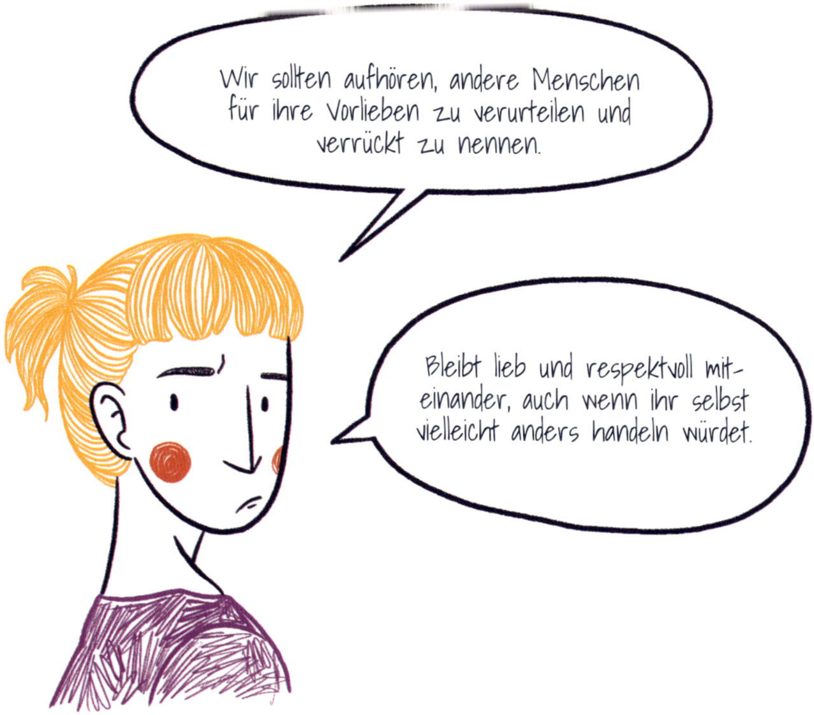

Sex-Shaming, also Scham auf bestimmte sexuelle Verhaltensweisen zu legen, führt nur dazu, dass Menschen sich schlecht und alleine und verwirrt fühlen. und davon hat niemand was.

EIN BISSCHEN LIEBE

Du hattest einen One Night Stand und bist super glücklich darüber? Cool! Erzähl mir alles!

Du stehst darauf, auf Leute zu pinkeln und deine Partnerin mag das auch und ihr habt ein erfüllendes Sexleben und eine tolle Beziehung? Glückwunsch!

Du möchtest mit mir nicht über dein Sexleben sprechen? Alles klar, ich erzähle dir auch nicht von meinem, wenn das für dich unangenehm ist!

Du hattest seit Jahren keinen Sex und fühlst dich wohl und erfüllt mit deinem Leben, wie es ist? Großartig!

Du bist in einer monogamen Beziehung und ihr habt meistens Sex in Missionarsstellung und schlaft danach kuschelnd ein? Nice!

Und jetzt lasst uns bitte ein Bier trinken gehen.

EPILOG

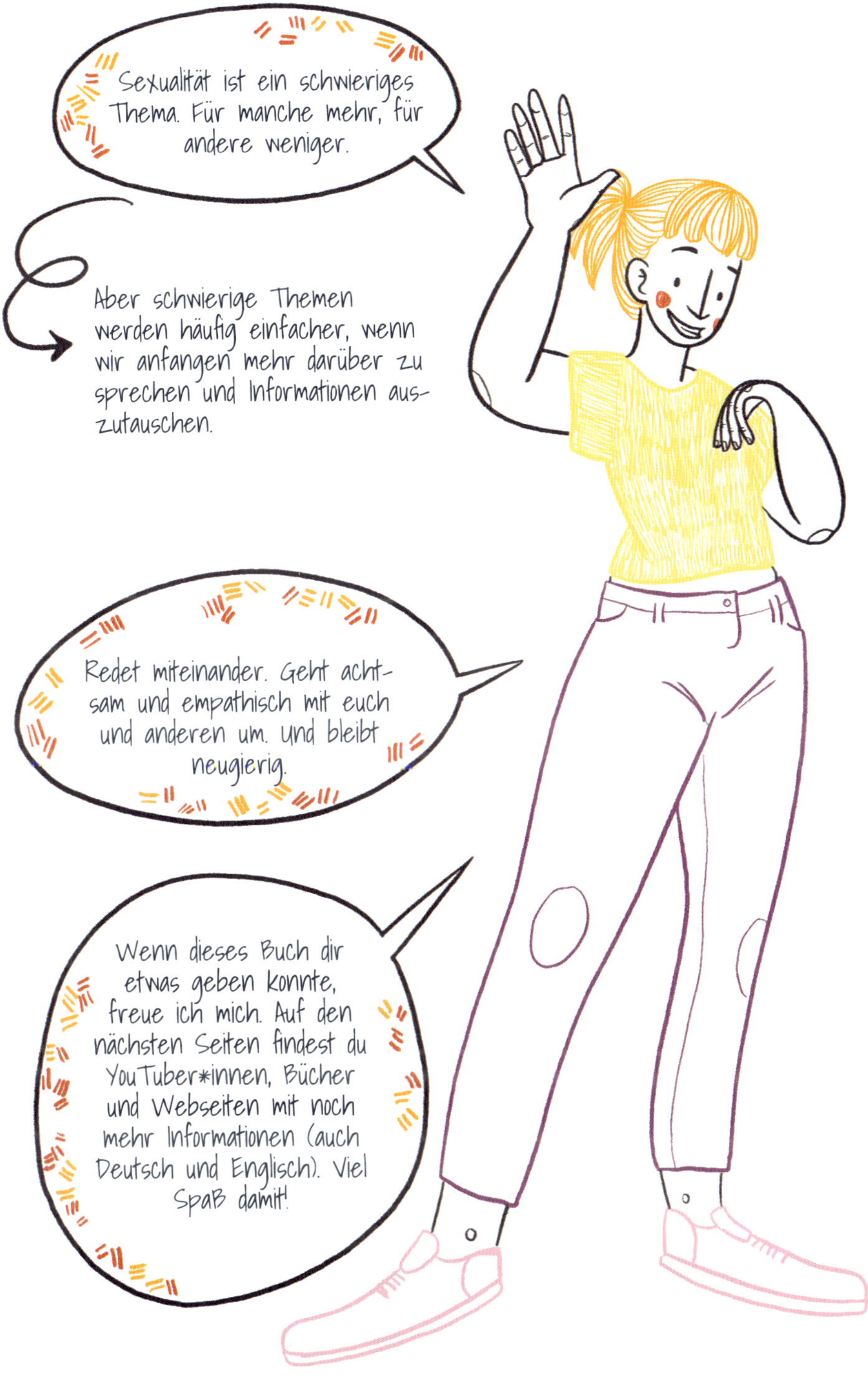
Sexualität ist ein schwieriges Thema. Für manche mehr, für andere weniger.
Aber schwierige Themen werden häufig einfacher, wenn wir anfangen mehr darüber zu sprechen und Informationen auszutauschen.
Redet miteinander. Geht achtsam und empathisch mit euch und anderen um. Und bleibt neugierig.
Wenn dieses Buch dir etwas geben konnte, freue ich mich. Auf den nächsten Seiten findest du YouTuber*innen, Bücher und Webseiten mit noch mehr Informationen (auch Deutsch und Englisch). Viel Spaß damit!

BLOGS, WEBSITES & MAGAZINE

- innenansicht-magazin.de
- rookiemag.com
- brausemag.de
- feminismus-im-pott.de
- missy-magazine.de

BÜCHER

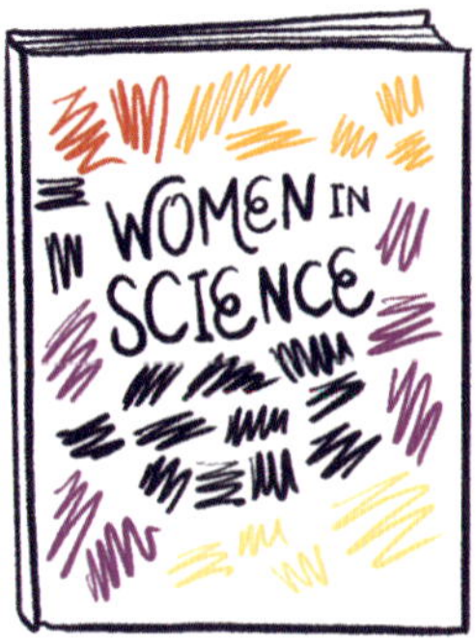

»Women in Science – 50 Fearless Pioneers Who Changed The World« von Rachel Igotifsky

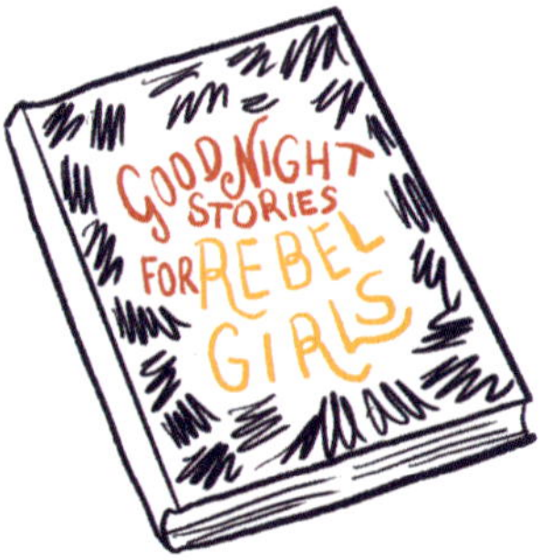

»Untenrum Frei« von Magarete Stokowski

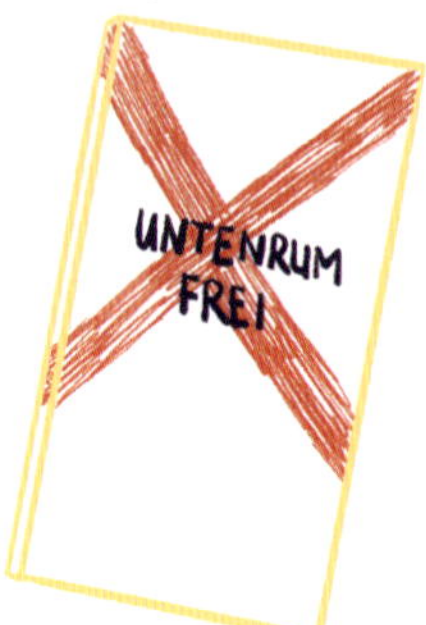

»Good Night Stories for Rebel Girls« von Elena Favili und Francesca Cavallo

»Stand up« von Julia Korbik

»Kleine Geschichte des Feminismus« von Antje Schrupp

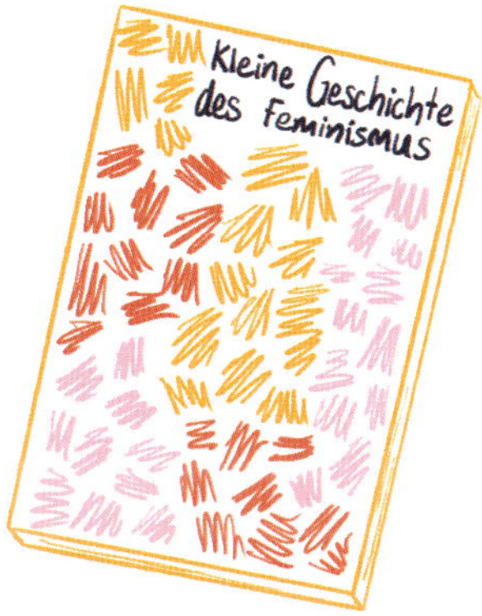

»We should all be feminists« von Chimamanda Ngozi Adichie

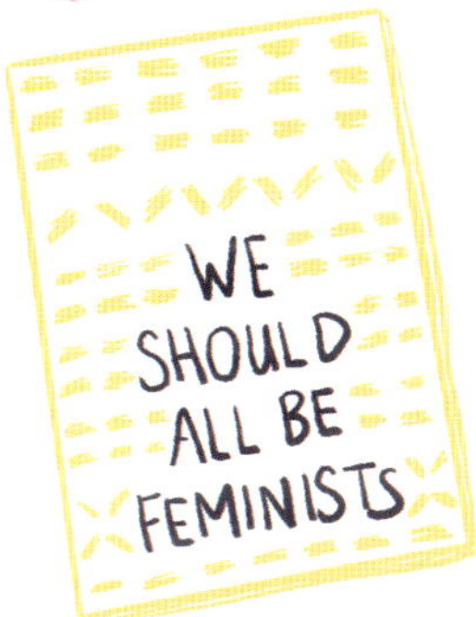

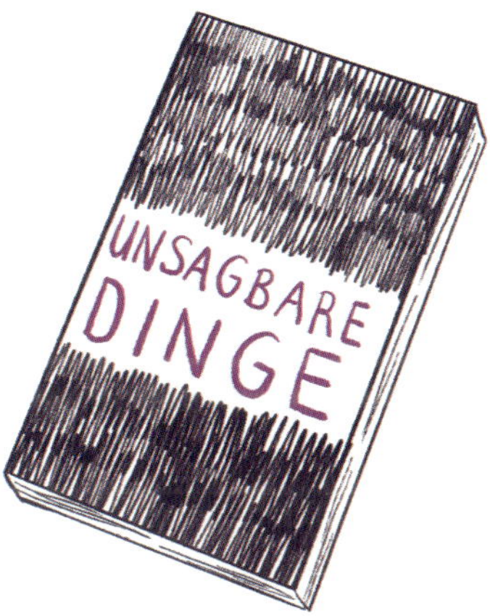

»Unsagbare Dinge« von Laurie Penny

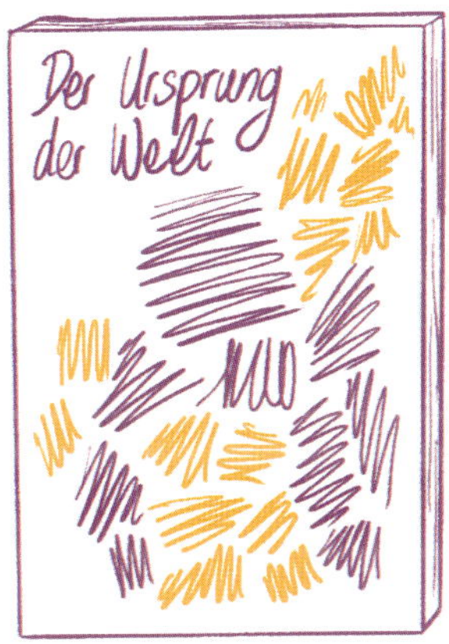

»Der Ursprung der Welt« von Liv Strömquist

YOUTUBE

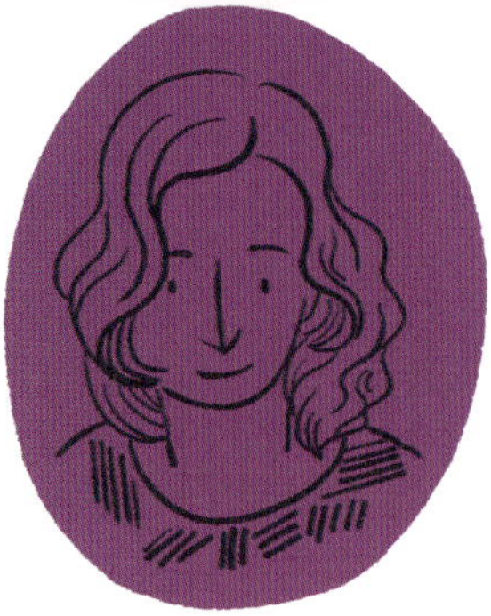

sexplanations mit
Dr. Lindsey Doe

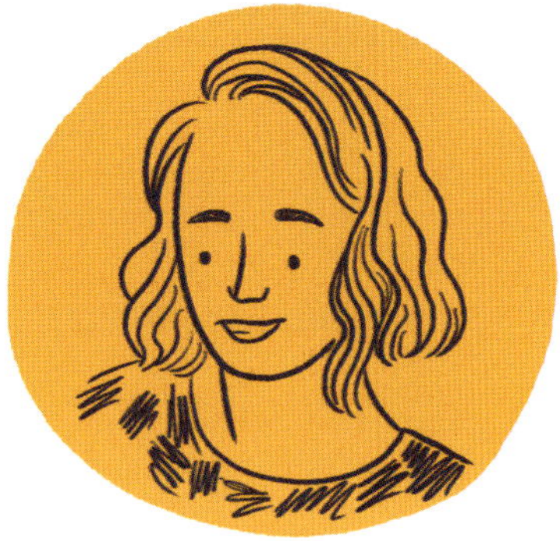

Hannah Witton

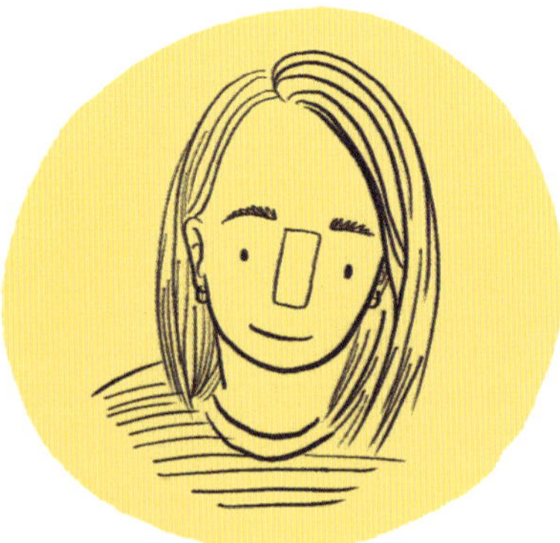

»Auf Klo« mit
Maria Popov

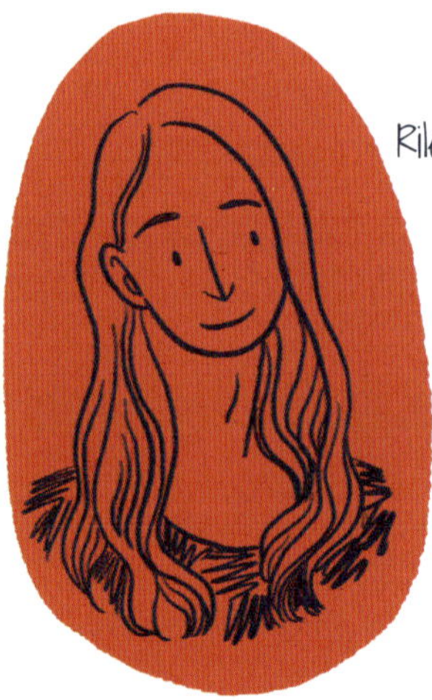

Riley J. Dennis

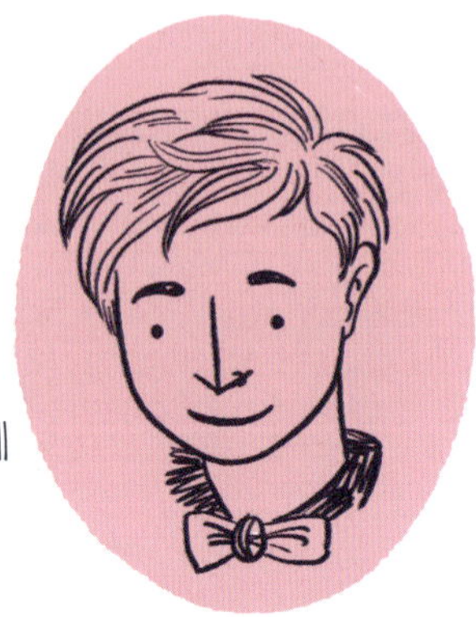

Ash Hardell

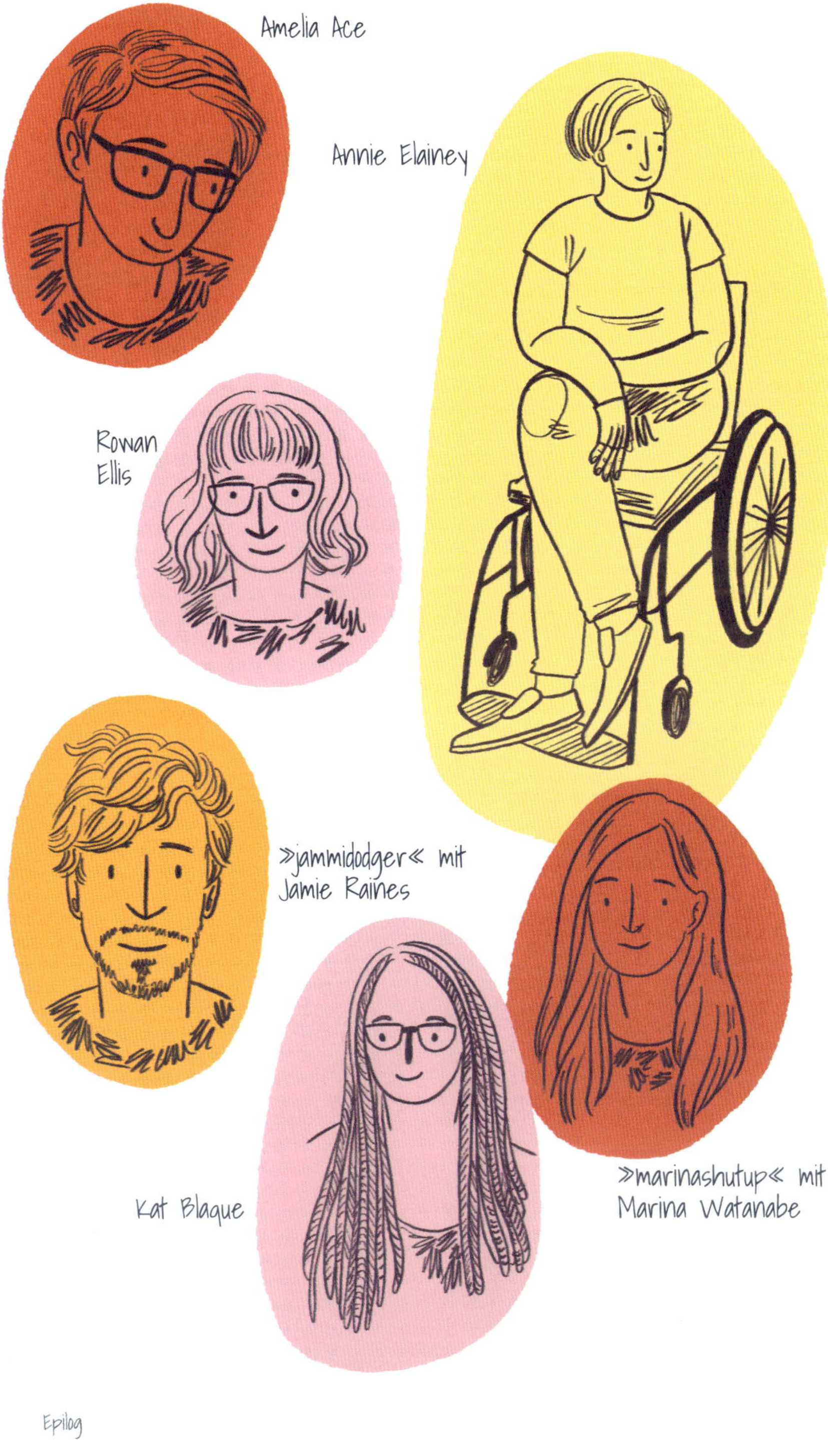
Amelia Ace
Annie Elainey
Rowan Ellis
»jammidodger« mit Jamie Raines
Kat Blaque
»marinashutup« mit Marina Watanabe

HILFE FINDEN

Hier ist eine kleine (unvollständige) Sammlung von Anlaufstellen, wenn du Hilfe brauchst.

Hilfetelefon Gewalt gegen Frauen:
08 000 116 016

Hilfetelefon Sexueller Missbrauch:
0800 22 55 530

Beratungsstellen vor Ort finden:
https://www.superheldin-gegen-gewalt.de/

Frauen gegen Gewalt e.V. mit Hilfs- + Beratungsangeboten und Infomaterial:
https://www.frauen-gegen-gewalt.de/de/

Beratungsstellen von profamilia:
https://www.profamilia.de//

Beratung und Stärkung von Frauen und Mädchen mit Beeinträchtigung:
https://www.suse-hilft.de/